歡迎來到
「白吉勝 & 徐小可的 Love 白宮這一家」

沒有吵吵鬧鬧，那怎麼可能？
越吵感情越好，才是一家人！

Preface
作·者·序

還記得年輕的時候看過一篇文章，內文把台灣稱為鬼島。當時，我不是很明白，是後來看了文章才知道，原來它指的是父母親啊。永遠記得在我小時候，父母親幾乎很少在別人的面前誇讚自己的孩子，或是用語言來鼓勵孩子；在別人面前總是說：「哎呀！我的孩子沒有你的孩子好」、「你怎麼考95分啊，人家都考100耶！」等等之類的話，常常把自己的孩子說得像鬼一樣，什麼人都可以比得過。在那時候，就有一顆種子在我心中萌芽，我告訴自己，絕對不可以做這樣的父母。

當了孩子的媽之後，我努力地學，卻常常還是大感挫敗，只能不斷和老公檢討，面對三個孩子、三個不一樣的個性，也要用三個不一樣的方式來對待。但秉持的一點就是，他們都是我的寶貝！因為這樣，我就應該鼓勵他們，但「不做他們肚子裡的蛔蟲」，而是讓他們「主動」表達自己內心的想法。

但是小孩有時候並不了解要怎麼「主動」，所以身為父母的我們，就要去挖掘、探索，慢慢把「冰山」撬開。薩提爾 **註** 是一位美國的治療先驅，她的冰山理論強調的就是從好奇心來理解身邊的人，最後更了解自己。這也就是為什麼我覺得，身為父母的我們，雖然對孩子來說是長者、智者，但也要做孩子的朋友，有的時候更要當孩子的「學生」，因為藉由停頓下來理解他們

的「感受」，我們才能一起在探索的過程中成長。簡單來説，「天下無不是的父母」這句話似乎也不是那麼正確～（應該會被很多爸爸媽媽罵吧哈哈），「人非聖賢孰能無過」這才是王道～。

謝謝孩子讓我們成長，這一路走來，孩子教我的，其實跟我教他的不相上下。而透過這本書，我希望把這小小的理念傳達給所有父母或即將做父母的你們，在很多瞬間，我們都要用「心」去感受這個我們製造出來的「搗蛋鬼」，然後一起成長，一起茁壯，因為孩子讓我們看到這個世界更美的一面。

 註 維琴尼亞・薩提爾（Virginia Satir, 1916-1988）是一位美國作家及治療師，以家庭治療著名。其理論強調改變與轉化，而非強制性的矯正，透過「冰山理論」（Iceberg Theory）說明人類內外在經驗的感受歷程，並說明「外在行為」的背後成因，其實需要一趟我們去理解對方觀點、期待，以及渴望的探索之旅。正向積極的轉變因素，如愛、接納，與連結等，皆是薩提爾冰山理論中的重點。

Preface
作·者·序

「父親」，或許很多人對這個名詞並不陌生，但我也相信每一位爸爸，從男孩、老公，接著進階到父親這個位子，都會有些害怕，卻又有點興奮。而我，因為從小父母離異的關係，在我身邊圍繞的都是「女人」。別誤會喔！我說的是姐姐和表姐，而且父母離婚後我跟的也是媽媽；甚至在青少年時期，我也搬到美國去和姐姐一起住，那完全就是女生宿舍啊！

所以，對於「父親」這個角色，我比一般人更加感覺到陌生，甚至會有一點點逃避它。在我幼兒園至國小印象中的父親，總是為了家庭辛苦工作而早出晚歸，只有醒著的時間我才能見到爸爸。在物質上，爸爸就會儘可能滿足我的慾望，讓我開心快樂。一直到我跟小可結婚二年後，陸續迎接了第一個寶貝的出現、第二個寶貝出現，到現在我是三個孩子的爸。你能想像這是怎樣的心情嗎？

最一開始得知小可懷孕的時候，其實內心真的是又驚又喜。當然，我擔心的不是要開始承擔更多責任，而是害怕自己不知道該怎麼承擔這些責任。身為「丈夫」，大多就是延續戀愛的感覺，只是身份不同。而「父親」就不一樣了，我的個性有時候真的很急很衝，會不會在大多數的時間，我跟「父親」這個角色完全碰不上邊？我會不會比其他爸爸更容易失敗？在過去幾乎沒有類似經驗的狀況下，我沒有藍圖，也沒有什麼榜樣，那種感覺你說手足無措還真不足以形容勒。

父親的缺席，讓我在抱著小小的寶寶，開始努力想像自己成為一個好爸爸的樣子時，內心沒有任何的範例可以摸索，好像走在鋼絲上面，知道前面有路要走，也準備好了，但每一步都走得很緊張，就怕無法達到自己的想像，心裡有一種說不出來酸酸的感受。不過，也是在當了爸爸之後，我才知道原來自己內心是多麼多麼渴望有一位父親。現在，在與孩子的相處之間，我同時也在和我的父親修復父子之間的情感，並一同跟我的爸爸檢討，如何當一個不需要後悔又不需要彌補的父親角色，不再重複我小時候所沒得到的陪伴……。

　　為了做到這樣的陪伴，我婉拒了許多工作機會。說實在，我心裡多少都是很「驚」的（請用台語發音～）。一來，我還是會怕外界異樣的眼光，大家會不會覺得我是個吃軟飯的？不過，在調適過後，我發現「家庭煮夫」這個角色根本沒有大家想得簡單，多虧我駕馭得還算不錯，和小可在工作和家庭上分配得很好，所以裡應外合，效果極佳！總之，做好自己的本分真的是最重要的事。現在，我知道在孩子們眼中，我一定不是100分的爸爸，甚至可能還不及格，但是因為婚姻和孩子，我相信了愛並學習去愛，更了解到愛是需要溝通的，而不是單方面去想像跟推測，或是一味地做自己以為父親該做的事，而成為另一半的豬隊友。所以，藉由這本書，我也想告訴所有的父親，在孩子成長的路上，「爸爸」或許不是最重要的，但真心相處的陪伴，絕對是必要的一份「愛」……。

Contents
目・錄

Character Introduction
人·物·介·紹

阿Ben

一家之主
爸爸：白吉勝
老婆對我的暱稱：拱拱
戰力：★★★★☆
祕技：暴風式怒吼
弱點：女兒的眼淚

徐小可

真正家裡的大魔王
媽媽：徐小可
老公對我的暱稱：婆婆
戰力：★★★★★
祕技：可可式溫柔安撫
弱點：無

白開水

排行老大的哥哥
老大：水水
戰力：★★★☆☆
祕技：爸媽的小幫手、暖男
弱點：容易被弟妹激怒

白花油

排行老二的妹妹
老二：油油
戰力：★★★★☆
祕技：眼淚
弱點：媽媽

白菜魯

排行老么的弟弟
老么：安安
戰力：★★★☆☆
祕技：流星鎚迴旋踢
弱點：媽媽

故事都是從「很久很久以前……」開始的，
王子公主幸福美滿的家庭生活……真的嗎？

讓白宮這一家全體成員，
告訴你「很久很久以後」的故事！

不是人人都是周杰倫

 事情是這樣的……

　　老實說，遺傳這件事真的很妙。三個孩子從出生開始，對音樂就有莫名的興趣，加上老大本身手長腳長，在學齡前就有開始讓他學鋼琴。一路學上來他似乎也蠻有興趣的，沒有特別排斥，從當初的團體班，到現在一對一的家教，看著他的進步，做父母的心裡也有些許的成就感。

　　上課的模式就是這樣一個禮拜一堂課，每堂課一個小時，在其餘時間，每天會練習半個小時，一個禮拜四到五次。我自認對於孩子的才藝方面是沒給予特別壓力，BUT，有一天老師突然來電話……

「媽媽，水水有一些狀況我想要跟妳聊一下。」
「老師請說……」我背脊發涼。
「今天上課的時候，水水有數次因為沒有辦法彈好，而用手掌大力拍琴鍵，我知道他情緒似乎有點起伏，所以在他發洩完後，也問他是什麼原因讓他不開心。是練鋼琴不開心，還是看到老師不開心？還是有什麼原因？」結果他回：「不是因為老師……是因為練琴……。」
　　我聽完了之後，開始想要怎麼「處理」這樣的行為。不知不覺，也到

了傍晚水哥要回家的時間。

　　莫約到了五點半，客廳只有昏暗的燈光，老舊的搖椅，發出嘰嘰嘎嘎的聲音，我坐在上面，眼睛一直盯著時鐘看，心裡默默倒數「5……4……3……2……1」，然後水哥就準時回來了。我整個人體溫升高，打算來個興師問罪。

　　「白XX！過來！」我一個怒吼。
　　水哥就像是做錯事的狗狗似的，就差沒夾著尾巴，頭低低的連看都不敢看。我繼續問：「鋼琴老師對你太好是不是？不會彈就可以發脾氣是不是？」「彈鋼琴讓你很痛苦是不是？」

　　是的，雖然這是問句，但是我沒有想要孩子回答的意思。所以，可想而知後果變成怎麼樣：一哭二鬧三崩潰，只是崩潰的是爸媽。我霹靂啪啦罵完一長串後，又惡狠狠丟一句：「現在立刻給我去練琴，以後什麼都不用玩！」然後我就氣呼呼回到廚房繼續做飯。

　　水哥彷彿真的傷心欲絕一樣，拿出未完成的功課繼續寫。當然，像這樣的情況不勝枚舉，睡前，Ben就問了我一句：「怎麼啦？還在為了鋼琴的事不開心嗎？」當然，我沒應聲，畢竟說出來太幼稚了。
　　「妳有問過他到底為什麼要發脾氣嗎？」
　　「他到底是因為太久沒練習所以沒有成就感而不想練，還是真的討厭練琴？覺得被逼？」

　　「一語驚醒夢中人」應該就是這樣吧。對啊，我似乎完全沒有問他原因，也完全不給他解釋的機會。於是我就開始仔細想，今天傍晚發了脾氣之後，問題根本沒有解決啊，晚餐前的那頓脾氣似乎是在對自己發的。水哥悶悶不樂，我也悶悶不樂，這樣到底對練琴這件事情有幫助到什麼？
　　天啊～～～不該這樣的～～～。

薩提爾之神降臨

每當有「災難」發生時,我通常都是那個「滑進」現場收拾殘局的人。但是這次我就是當事人,而且我沒有留下任何餘地,發個脾氣就一發不可收拾。但是我可以等,雖然時光一去不復返,但是有心還是能力挽狂瀾(這樣用應該可以啦)。總之,就這樣我醞釀到了下次水哥練琴回家的時間……

一樣的傍晚五點半,同樣的昏黃的燈光,我坐在客廳裡發出嘰嘰嘎嘎聲的老舊搖椅上,眼睛一樣一直盯著時鐘,心裡倒數著「5……4……3……2……1」,很好,水哥一樣準時回來了!

「哥哥回來啦!快點去把手洗一洗,等會準備吃飯囉!」我呈現一個笑臉迎人狀。心裡盤算著等吃飯的時候再好好問他吧。

等到大家開始吃飯後,我開始「假裝」不疾不徐地問:
「水水,最近鋼琴練得如何啊?」

「還不錯啊,只是有一些音符位置看不懂。」水哥低下頭,繼續扒飯。

「嗯!那我想要聽聽你最近練琴的感想喔～～你不用現在告訴我,可以睡覺前再跟馬麻分享喔!」

（睡前在床上）

「水水，你現在鋼琴練得怎麼樣？會不會很難啊？」躺在床上我們睡前都會來個family talk。

「還好啊……」他用腳背蹭著我的被子。

「馬麻……其實我不想練琴……」水哥的腳也停住了。

哈！老實說，我當下聽到還蠻開心的，至少，他有誠實面對我，也誠實面對自己！這對我來說好重要。

「水水，你可以告訴馬麻為什麼嗎？」我摸了摸他的頭。

「因為……琴譜我都看不懂……」

「水水，你從一隻手都會彈錯音，到兩隻手可以合奏，花了多久？」

「很久……」他小聲回答。

「然後又從完全背樂譜來彈，到現在可以稍為邊看邊彈又花了多久時間？」

「也很久……」

「水水……你努力那麼久好不容易有的成果，而且遇到了這麼棒的老師，然後你只是因為樂譜看不懂就放棄，我覺得有點可惜耶！」在那瞬間，我必須是他的朋友。

「這段時間，因為放假我們不在家，所以很久沒有練習，再加上好久沒這樣定下心來好好上課，當然會一直出錯⋯⋯讓我猜一猜，你應該是因為這樣彈不好所以不開心，對嗎？」一轉眼我又成了一眼看穿心事的大師了。

「對耶！好像是這樣。」水哥這肯定的口氣好像被算命的說中一樣。

「那你幹嘛難過呢？像馬麻久久沒做菜，也會突然煮太鹹啊！把拔每次比賽前也要多練習才會有好成績啊！」「所以，寶貝，我覺得你應該要再給自己一次機會耶，給之前一直努力的自己再多一次機會呀，如果真的還是很痛苦，我們⋯⋯就不練了，好嗎？」

「嗯好！」

「晚安！水水寶貝～」

「晚安！馬麻寶貝～」

我必須老實承認，身為媽媽的我本身有一點點的鋼琴夢，就是那種恨鐵不成鋼的心，因為小時候沒有好好持之以恆，所以就很希望孩子能夠持續到最後不要放棄，好好變成一個厲害的鋼琴手，哈哈，最好能像周杰倫那樣！

但是我卻忘記了，他是水哥啊，獨一無二的水哥。而周董也是獨一無二的啊！孩子，快樂地做自己吧！

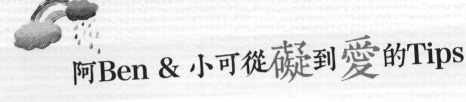

阿Ben & 小可從凝到愛的Tips

阿Ben：

對我來說，可能我在接到老師電話後，也會整個抓狂，但是這時候當然不能反過來責怪媽媽，因為身為爸爸的我，也非常了解望子成龍的心情啊～。其實，給彼此幾天的時間沉澱也是很好的做法！

小可：

從一開始到現在，差別最大的就是，我學會去確認水哥的心情，而不是隨便自己瞎猜，然後又被自己的失落感刺激到，兩邊的心情都沒顧及。總之，多問幾句不會少一塊肉，小孩有時候就只是差在表達方式不一樣而已。

謝謝水哥、孩子們，在我和爸爸的生命中，給我們許多次的提醒，不僅是身為爸媽這個身分，還有當小孩朋友的這個觀念。說實在，除了可以避免蠟燭兩頭燒，還可以讓自己不會賠了夫人又折兵，搞到最後自己和小孩的情緒都沒處理好。現在，水水的鋼琴也越彈越好囉。

1、2、3……

 ## 事情是這樣的……

　　在某個風和日麗的假日，沒錯，他們一樣地早起，一樣地精力充沛，但是由於我們夫妻倆還在補眠，於是就請他們自己到客廳去玩。想說睡個一兩個小時，這些小鬼頭們應該不會把屋頂給掀了吧。

　　結果，這下好了，家裡沒大人了，所有的玩具被翻箱倒櫃搜了出來，你想得到的地方，都有玩具（的殘骸），簡單來說，三兄妹大概以為今天要幫玩具們進行大掃除，在客廳裡真的是一個都沒有少，我們兩老起床後一看真的完全傻眼……

　　「快點把玩具收好，我數到3。」爸爸說。

　　處在一個沒有紀律的環境裡，是Ben最不能忍受的。亂七八糟的環境在某種程度上，就是沒有禮貌和規矩。現在，爸爸眉頭深鎖，表情大概就

像在重大案件的案發現場一樣凝重。現場真的是亂到不知道該如何起頭，瞬間可以感覺到氣溫從舒適的28度降到零下10度。爸爸的眼神，說是令孩子們不寒而慄也不為過。

凌亂的玩具，憤怒的眼神，凝結的空氣。

我也感覺得出來，孩子心裡的壓力似乎也很大，因為在爸爸開始倒數後，哭的哭、鬧的鬧，整個畫面說有多不受控制，就有多不受控制；我心想，「1、2、3」應該才是他們最害怕的東西吧？！只有傻呼呼的弟弟還不知道事情嚴重，持續在拿玩具出來（我也是笑了）！

這個場面還有另一個失控的原因，就是在白宮家，玩玩具一定要邊玩邊收，而且9點半上床前必須要自己把玩具收好。但重點就來了，小孩畢竟也不是受軍事教育的，因此常常會忘記時間。這個的結局就是，他們常常在睡覺的前1分鐘才被告知：「收玩具，要睡覺了，一分鐘刷牙。」然後，孩子的情緒就會像火山爆發一樣：

完！全！失！控！

於是，面對眼前這個殘局，大概猜得出來，這群小鬼頭覺得自己災難臨頭，或是覺得自己又被「逼」了。眼看所有人好像頻率都有點不太對，整個情況也沒有開始好轉，或是至少往好的方向邁進，然後又看到爸爸似乎覺得收拾的進度太慢，正準備要祭出其他招時，我突然有了另一個想法。

薩提爾之神降臨

我和爸爸使了一個眼色,然後再次一個 move,滑到了災難現場中間,和小孩處在一起。我突然覺得,是不是因為我和爸爸是睡醒了起床才發現,而不是在小孩玩玩具的同時就有參與到過程,才會這麼生氣?也許,這一次可以試著從「旁觀者」變成「當事人」看看⋯⋯

　　我蹲了下來,跟孩子們一起收,然後裝作輕鬆自然地說:「馬麻也很喜歡玩玩具啊,但是馬麻也會負責任把它收好,因為我下次還想要再玩,你們是不是也想要之後都還可以玩玩具?」

　　他們點點頭。

　　我繼續說,並舉了一個之前類似案件的例子。「上次,你們睡覺前沒有收玩具,馬麻是不是有說對不起,因為沒有事先讓你知道,所以讓你們收玩具收得很趕?」看著他們似乎有聽懂,我接著說:「雖然你們後來還是收完了,但是把拔馬麻也答應下次會提早個10、15分鐘先讓你們有一點點時間準備,對不對?那現在,還有很多時間,我們就開始收,好不好?」

　　我開始帶頭,慢慢地把玩具收拾整齊(不過我故意收很慢⋯⋯),小鬼頭們雖然還是會偷玩幾下,我也是睜一隻眼閉一隻眼了。

或許當下很多父母親會覺得：幹嘛道歉啊？本來就要收玩具啊！我當然不是要讓他們覺得我做錯事，而是想要進行一種「尊重」的練習。

任何人都不希望在做事情的時候被打斷吧？那孩子也是啊！尤其剛睡醒的我們，看到客廳一片狼藉，又更容易理智線斷裂，那如果嚴厲地叫孩子們收拾，孩子當然會覺得莫名其妙。

於是，我有點慶幸當時我有選擇道歉，所以現在更有理由讓小孩明白，「開始慢慢收」的用意是什麼。而且，小孩常常表現出來的不開心或哭鬧的反應，有時候會讓大人覺得他們好像是不想收玩具，但實際上，或許是因為他們還沒準備好。

身為大人的我們都需要去「練習」面對各種情緒了，更何況是對什麼都還感到新鮮的小孩？

關於收玩具這件事情，其實常常搞得白宮氣氛緊張。首先，因為有三個孩子，所以家裡面常常都是玩具滿地，又有女孩子、又有男孩子的，三個小孩一玩起玩具的時候，真的會像遭小偷一樣可怕。

所以，對爸爸來說，玩具就是要玩完立刻收，但我的想法卻不是這樣，一起玩完再一次收就好了。孩子在玩玩具的時候明明就是開開心心的，何必要因為收玩具而被打斷。

後來我去搜尋資料，發現孩子的專注要從當下培養，特別是在玩玩具這件小小的事情上。所以，小孩常常會因為父母親強行要他們突然做某件事，像是收拾玩具等等，而讓他們當時的專注力下降。

因此，在經歷諸如此類的事件後，白宮已採取新做法：告知孩子有多少時間可以玩，並且提早提醒他們過多久之後就要收玩具，讓他們掌控自己的時間。如果有時候真的沒有給我收完（握拳），就會讓他們承受後果，例如：沒整理妥善的玩具就會捐出去！

　　現在，不管什麼時候，舉凡洗澡、吃飯、寫作業、收玩具等，都不再出現「1、2、3」，而是「10分鐘後我們要⋯⋯。」

　　試試吧～～讓我們一起收起可怕的⋯⋯「1、2、3」。

阿Ben & 小可從礙到愛的Tips

阿Ben：

我其實很受不了髒亂的環境，要玩下一個玩具之前，必須先把上一個收好，但現在既然有找到折衷的辦法，效果好像也不錯，那我想讓步一下也很有男子氣概吧～！

小可：

孩子在玩玩具的時候一定都是一團亂，特別是有客人來的時候怎麼可能會邊玩邊收。我比較希望孩子能夠在玩的時候盡情玩，收的時候物歸原位即可。但這也不代表他們可以「放肆」不受控，只是要讓孩子知道，收玩具這件事並不難。

其實，「榜樣」真的是很重要的，我想，自己開頭讓孩子們開始跟著做，會比命令他們來的有效率地多（攤手～），而且，相信我，給他們的「準備時間」絕對比罵他們之後他們哭鬧的時間還要短非常多！

可怕的最後兩口

 事情是這樣的……

又到了晚餐時刻，我們算蠻慶幸的，孩子們都沒有邊玩3C或邊看電視邊吃飯的習慣。不過，可能因為人數較多，所以孩子成了彼此之間的玩具，有的時候在餐桌上你一言我一語，一個小時的用餐時間就過去了。

那天晚餐，孩子們坐在自己的位子吃飯，不到5分鐘就開始嘰哩呱啦聊了起來。「快點吃！飯菜都涼了！」這是第一次的警鳴聲。也不知道是不是孩子們感情太好，完全壓抑不住內心想要分享的渴望，沒1分鐘又開始你一言我一語。

於是，警鳴聲再次作響……

「到底是要聊多久？」爸爸用力拍了一下桌子。

還是爸爸有威嚴。這一拍，整個戰場鴉雀無聲，小孩個個面面相覷。但是，原以為戰爭會順利提早結束，沒想到，真正的魔王關才正要開始。

所有父母親最害怕～～最討厭～～來了～～。

「把拔我吃不下了。」

「馬麻我不想吃這個。」

「馬麻我可以喝湯就好嗎？」

瞬間，整個餐桌從戰場變成菜市場，好像我和Ben是菜販一樣，瘋狂討價還價，我們還要求爺爺告奶奶一樣請他們多吃一兩口：

「快，最後兩口。」

「再一口就吃完了啊！」

「吃完才可以下桌！」

這時候，三個孩子三個不一樣的個性，就會完全嶄露無遺。哥哥稀哩呼嚕就把飯給吃完了；妹妹的眼淚則大滴流下來，白飯感覺都變成燉飯兒了，脾氣超拗，還說：「我不吃了，我晚上也不會吃餅乾。」

在接下來近半個小時的時間裡，全家在餐桌上大眼瞪小眼，好像大家各懷鬼胎一樣，殊不知身為爸媽的我們只想要小孩趕快吃掉最後兩口，心裡的小劇場充滿各種「到底有什麼好吃不完的」、「趕快塞一塞不就好了」的心情。

這時，爸爸拉開椅子，面對面坐在孩子的跟前。爸爸看著他們，仔細地看著他們，彷彿要把他們的靈魂看透一樣地看著他們，用「緊迫盯人」的方式看著他們一口一口把飯吃掉。

看過對犯人嚴刑拷打逼供的模樣吧？對，大概就是那樣的距離。於是這可怕的兩口，永遠吃不下去。

薩提爾之神降臨

我在旁邊開始想，小孩是真的吃飽了，還是雖然已經這麼大了還想要人餵？又或者其實只是我做的菜太難吃了呢？每到吃飯的時候都會多少出現幾次這樣的問題，可是問題背後的原因在哪呢？我們好像真的沒有好好地詢問過他們為什麼不想吃，於是……

面對現場凝重的氛圍，我請爸爸先離開現場，換我坐在孩子的面前。我只問一句話：

「寶貝真的吃飽了嗎？」

油妹不說話，安弟則說他吃飽了。

「如果吃飽了晚上就沒有任何東西可以吃囉！」我說。

油妹輕輕地點點頭，然後戰爭就結束了。

離開了餐廳，不知道為什麼孩子們的壓力好像瞬間解除。我心裡有點嚇到，該不會孩子們真的已經把「吃飯」和「好大的壓力喔～」這兩件事連結在一起了吧？這可不是我要的啊！難道我和爸爸給他們太大的壓迫感了嗎？

總之，這件事情算是平安落幕，我和爸爸決定不糾結在「到底為什麼不把最後兩口吃完」，而是「你為什麼吃不下這最後兩口」，一個是帶有責備的口氣，一個是更加關注小孩本身的狀態。老實說，看到他們一離開餐桌就又充滿活力，心情確實也是頗複雜的。

　　但是，更重要的其實還在後頭，因為選擇「吃飯」或「不吃飯」都是有後果的，總不可能每次都放任他們不吃完飯吧？這也不夠實際。

　　所以，重頭戲就是在晚餐過後的這段期間，我們一定要信守自己的承諾，絕對不可以破壞原則，就是：**晚餐後沒有任何東西可以吃！！**

　　雖然有時候，他們還是會偷偷跟我說他們肚子有點餓，但是我會跟他們說：「那你是不是晚餐乖乖吃乾淨就不會肚子餓了呢？」或是「現在吃東西你明天就會吃不下，然後晚上又會肚子餓，你要這樣嗎？」藉由這樣的反應，我想要讓他們知道，其實吃掉那最後兩口對他們來說就是不會在晚上餓肚子，然後我也不會對他們生氣，因為我是在幫助他們。

　　一次、兩次、三次，不厭其煩地，偶爾還是會發生「馬麻我吃飽了」、「馬麻我不想吃了」等等任性鬧脾氣的情況，但我就是讓他們學習承擔自己選擇的後果。

　　簡單來說，我們只需要站在同理心的位置去了解他們。就像是，每到假日期間，孩子從公園玩回來之後，他們的胃就會像破洞一樣，可以一連吃一兩碗飯，完全不用擔心。我們夫妻就有認真討論過，連大人都有大小餐，那孩子當然也會啊！

　　也就是說，吃飯這一件事情每天都會發生，而且吃飯著實也是件開心

的事，更何況，也從來沒有聽過小孩把自己給餓死的吧？！以「同理心」並且讓他們知道怎樣做才是好的，而不是放任他們要吃不吃的，睡前又餵東西給他們吃，結果變成無限的惡性循環。

「吃飯啦～」

每天都會遇到的日常，何必讓它變成一場又一場的戰爭，吃飯可不是做功課啊！而且就算拿寫作業來比喻，孩子吃不下的時候，應該也是要了解「他們為什麼吃不下」，而不是一味地禁止。

讓孩子自己選擇承擔後果，然後學習體會選擇的過程。在這個過程中，孩子和家長之間的溝通就會逐漸建立起來，以後也沒有所謂的「再吃兩口」這樣的要求了。

阿Ben & 小可從礙到愛的Tips

阿Ben：

對我來說，吃飯一定要坐好吃完不可以剩，去親子餐廳也是要吃飽再玩。不可以挑食。規矩很重要。但是現在偶爾也是會覺得，被逼吃飯我也會很痛苦，更何況是情緒最直接的小孩？

小可：

大人都有大小餐，我們也會有不想吃晚餐的時候，孩子當然也是！甚至有時候如果一整天沒運動，怎麼吃得下那麼多啦！我們小時候也有不愛吃青椒苦瓜紅蘿蔔的時候啊！

其實，最簡單的辦法，就是先了解小孩為什麼不吃？為什麼吃不下？是因為不喜歡食物的味道嗎？還是是因為吃太多零食餅乾？有時候，就是將選擇權交給小孩，並「陪著」他們一起承擔後果。

有朋自遠方來

 ## 事情是這樣的……

　　有了孩子後，其實還蠻享受與朋友的聚會與活動。不論是來家裡或是到朋友家作客，反正只要孩子們聚在一起，就可以完全放生他們。爸爸媽媽們便得以享用一頓「優雅從容」的晚餐，好好聊天、好好吃飯。

　　BUT，天下無不散的宴席，送君千里終須一別（到底哪來的詩情畫意啊），孩子到了要回家的那一刻，就會立刻變身成魔鬼……

　　「我不要！我不要！我不要回去！我要在這裡玩！」安弟開始崩潰，而且出現了「這不是啃的雞」的招牌動作。

　　「我們下次再來玩！人家也要休息了。」我說。
　　「我不要～我不要～。」安弟開始一哭二鬧了。

　　「安安，我們已經說過了，如果再這樣鬧，我們下次就不用來囉！」我先選擇好言相勸。朋友看到情況趕緊上前附和：「對啊！下次再來玩啊！」

　　但是，非常好，安弟依舊繼續玩他的，把所有大人當空氣。

　　這個時候，原本在一旁保持沉默的爸爸，二話不說，一把抱起安弟往

門口走，上演「永遠不回頭」，水哥跟油妹看到了這樣的狀況，也立刻收拾玩具，對大人們說：「拜拜～拜拜～我們下次再來玩。」彷彿害怕厄運臨頭一樣，他們加快腳步往門口走去……

這招「殺雞儆猴」果然厲害，但相信我，也相當危險，因為好幾次安弟失控的雙腳，像流星錘一樣，差一點，就那麼差一點，就會踢中他老爸的重要部位。我只能說老公你真的太猛了，還可以這樣若無其事撐到回家。

到家後，三個小孩很快地就都入睡了，而我們也累趴了，心想著，原來要享受優雅的晚餐，也是需要付出代價的。

「拱拱，難道每一次都要用這種方式來跟朋友道別嗎？」我趴在床上，連轉頭看他的力氣都沒有。

「是啊！連說再見都沒有，超級沒禮貌的。」Ben側躺著，應該還在痛。

「要不換個方式吧～下次我來試看看，不然每次你都冒著生命危險這樣做，有一天我想要老四怎麼辦？」我故作羞怯……。

呈現蝦米狀的他回頭瞪了我一下。

「好啦！好啦！開玩笑的！還不是為了分散你注意力不要那麼痛！」我從背後抱住這個受傷的男人。

「快睡吧～晚安。」「晚安……。」

就這樣，我們相依偎靠著對方到天亮，不是因為我們想要上演什麼浪漫情節，而是因為……累到無法動彈。唉！對於下一次的聚會，真的既期待，又怕老公受傷害。

薩提爾之神降臨

在下次和朋友相聚之前,我有時間就在想,到底要怎麼解決這個問題。孩子們不想離開,是缺乏什麼動機嗎?還是說,他們只是需要時間呢?

沒錯,好像就是時間?在「一個口令,一個動作」之前,是不是可以加上「一段時間」,讓彼此都準備好一個「應對的姿態」呢……

「好的好的～等等七點見喔!」該來的聚會,終究還是要面對。

我掛了電話,轉身看到這三隻,心裡瞬間很後悔我幹嘛答應朋友!但一想到大家可以聚在一起,又可以「細嚼慢嚥」用餐,就又覺得很想出門赴約。

「等下換衣服,準備出發囉!」我拍拍手,做一個號召的動作。

「去哪裡?去哪裡?是不是去 XX 家裡?」

「我最喜歡了,我要帶我的玩具去跟他分享」

「我也要我也要～」

孩子們開始你一言我一句,還沒出門我就快崩潰了。

吸氣～吐氣～吸氣～吐氣～,還記得,那天晚上我答應過自己要「換個方式」試看看。

「來來來～三個小朋友～」我ㄍㄧㄥ起笑容。

「怎麼了馬麻?」聽話度百分百,立馬回答。

「馬麻跟你們說,等等我們到別人家作客;吃完飯,你們可以去玩,但請遵守以下兩件事:第一,在別人家,玩具要一起分享!不能吵架!第二,當我們要回家的時候,請收拾自己的心情,跟對方說再見,不能有不開心或生氣的情緒喔!」

「啊～馬麻,那我們可以不要回來嗎?」

「對啊!才玩一下下而已耶!為什麼那麼快就要回來啦?」

孩子真的有種功力,就是三句話便可以把人惹火!我再次逼自己,吸氣～吐氣～吸氣～吐氣……

「冷靜,小朋友!我沒有說馬、上、就、要、回、家!而且,別人也要休息啊,所以當我說『**我們準備要回家囉**』的時候,或許是3個小時之後,大家再開開心心地跟你們的朋友說再見,這樣下一次我們才可以再去作客～好嗎?」

「喔喔醬子啊～～」

「所以馬麻沒有說現在就要回家啦！」

「馬麻妳是說玩完再回家嗎？」

「馬麻是說要說回家再回家。」

我的老天啊⋯⋯⋯⋯⋯⋯⋯⋯⋯⋯⋯⋯。

好的，到朋友家聚餐，一轉眼就快九點半了，又到了回家的時間。

「拱拱，今天讓我來。我試試看有沒有辦法讓他們『開開心心』地跟朋友說拜拜。」我說。

「小朋友，你們在玩什麼啊？」我若無其事地靠近他們，先不讓他們感覺到時間的壓力。

「我們在玩爸爸媽媽的遊戲～很好玩喔！」

「馬麻，妳看我系北鼻！」

「我系馬麻！」

果然，活力依舊，看不出來有絲毫的疲倦。

「真的啊？那你們慢慢玩，只是水水油油安安，等等再過15分鐘，我們就要回家囉！」

「蛤～～～～」三個異口同聲。

「你們先好好玩，等到要回去的時候，我再叫你們好嗎？」我忍，還是好聲好氣地說。

「好～～～～」又是一個心不甘情不願的回答。

我持續吸氣～吐氣～吸氣～吐氣，告訴自己，我一定可以的。

———15分鐘後———

「小朋友，我們要回家囉！請把玩具收好，還有把環境恢復原狀喔。」

「啊，這麼快喔？」水哥說。

「小朋友，不要忘記我們出門前的約定！如果不遵守約定，下一次可能不能來囉！」此時我已經完全幻想自己是兒童台的姐姐了。

這時，水哥突然站了起來，說：

「快快快！我們收拾好玩具，要回家了。這樣下次還可以再來，聽到沒？」瞬間他變成糾察隊長，加入了我的行列！

以水哥為榜樣的油妹安弟，看到哥哥這樣，就算不情願，也慢慢幫忙收東西了。

「拜拜～拜拜～你們下次要再來玩喔！」小主人的手揮動著。

「謝謝你們的招待啦，下次再來我們家囉！」終於，我們可以好好跟朋友說再見了。

上了車後，三個小孩睡成一團，Ben語帶調侃想污衊我，說：

「欸，婆婆，他們真的都沒鬧耶！妳怎麼恐嚇他們的啊？」

「什麼恐嚇？我只是在練習做我情緒的主人，並且用『約定』的方式，在出門前先讓他們有心理準備！」原來，我們越淡定，孩子才無法對我們肆無忌憚胡鬧。

總之，與其讓孩子體會「天下無不散的宴席」的意義，不如讓而孩子明白「每一次的道別都在迎接下一次的相聚」。

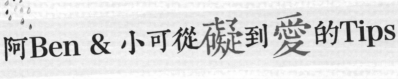

阿Ben & 小可從礙到愛的Tips

阿Ben：

我覺得很棒又很感動的點是，孩子的心情，原來是靠著父母親給的。舉這件事作例子的話，就是小可讓孩子們知道，說拜拜是為了期待下一次的見面，那麼孩子自然就不會抗拒了。

小可：

在這件事情上，我覺得自己扮演了一個功能，就是「消毒」。孩子每次的哭鬧失控，我都當成傷口發炎反應，傷口（事件）有細菌（情緒）就要「消毒」，而且不能亂了陣腳。最重要的是傷口（事件）能癒合（平息），不能讓孩子的情緒持續發炎！

其實，事前的「通知」對孩子來說很重要，這種感覺就有點像放了長假後收心的行為，一旦養成了這個行為，別說去朋友家，連到親子餐廳也不會失控了。

Hi～陌生人！

 事情是這樣的……

　　「進門要記得叫人喔！」我們再三叮嚀。每一次到親戚家和朋友家，我們總是會這樣交代小朋友，但說歸說，他們嘴巴就像是被三秒膠黏住一樣打死不叫，而這些朋友和親戚也往往會在瞬間變成洪水猛獸，嚇得孩子們只敢躲在我們的身後，微微探個頭出來。現在，在這出門拜訪朋友之際，同樣的情況再次發生……

　　「來！寶貝！這是李屬叔，黃北北……快跟他們問好！」我說。

　　但是，剛滿四歲的水水，一雙眼睛只直直地看著這兩個「陌生人」，怎麼都不肯開口！

　　「水水！馬麻剛剛不是有跟你說了嗎？看到長輩要叫啊！你是怎麼了？」我可能也是一時心急，抓起了他的手，可能用力了一些，他兩個眼睛立刻注滿了水。

　　「是怎樣啦？我又沒罵你～。」其實，我原本也想說不叫就不叫，也不是什麼大不了的事。結果，說時遲那時快，卻在耳邊傳來讓人氣到牙癢癢的一句：「現在孩子怎麼都不太叫人啊……」

　　要不是我真的不知道是在場哪一位說的，不然我一定不會讓她這樣說

完就算了，搞得我因為第一次叫水水叫人結果他不叫氣到，然後現在又被不知道從哪裡飄來的風涼話傷到，真的很想直接離開現場。

就在這個時候，一雙熟悉有力的臂膀，抱起水水，往廁所奔去。我愣了一下，心想有那麼尿急嗎？結果，仔細一看，發現這個人是Ben，原來在一旁的他目睹了一切，包括那冷不防的一句話，於是就搶先一步要教育水水了。

過了五分鐘左右，水水兩頰還掛著未乾的淚水，牽著爸爸，回到「事發地點」。

「叔叔……好……北北……好……」水水帶著委屈的聲音說。

然後，全場都很尷尬。而我，依舊在找那個說風涼話的主人。

後來，在回家路途中，我仔細詢問爸爸，才知道原來水水沒被爸爸「教訓」，只是在口頭上被嚴厲地斥責，大概就是什麼答應了要叫人怎麼沒做到之類的。

一路上，大家都沒說話，突然，爸爸又開口問了：「你知不知道那些人都是拔馬麻的朋友啊？」「你不跟他們打招呼，大家會覺得你多不禮貌？會覺得我們怎麼那麼不會教孩子？你知不知道啊？」

「但是我真的不認識他們啊……一下子那麼多人往前……我……我……」水水又一陣悲從中來，再度哭開懷，而我則是心裡一震，有種瞬間被「醍醐灌頂」的感覺！

薩提爾之神降臨

我們到底在幹嘛？竟然被孩子的一句話給驚醒。是啊！這些人都是他不認識的人，而我們平常不是都千交代萬交代他們「別跟陌生人說話」嗎？把這麼多種矛盾的期待放在孩子身上，這下我們可用力地自打嘴巴了吧？不過現在，既然水水已經把他「卡關」的地方說了出來，那麼我們也得一起幫助他「破關」才行……

一天，我們又帶著水水去一個好朋友家玩。在車上的時候，我問：「水水，我們等等要去馬麻的一個好朋友家喔！他們家也有一個小弟弟喔。你們可以一起玩～。」

一聽到會有別的小朋友，水水好像有那麼一點開心，給了我一個很肯定的「嗯！」然後，我趁勝追擊：

「等一下，到阿姨家看到人，要叫阿姨好，叔叔好，好嗎？」

「可是，我不認識他們，我會害羞怎麼辦？」水水好像說到佛地魔一樣，立刻緊張起來。

「那～馬麻先跟他們打招呼，你再打招呼，好嗎？」「如果還是害羞，你就微笑就好。」記取上次經驗，我決定來個以柔克剛、以靜制動！

結果，到了對方家之後，水水還真的很害羞！但是，水水至少微笑了，沒有像小老鼠一樣躲在我們後面，老實說，當下我的心裡是蠻感動的，一方面覺得自己這樣的做法也許真的奏效了，另一方面也很驕傲水水願意為我們做到這點，這大概就是費盡心力然後找到中間點的感覺吧！

我們接著邊吃晚飯邊聊天，小孩也早就不知道跑到哪裡去，玩成一團了，害羞果然是個看到玩具就會瞬間不見的東西！

然後，過沒多久，水水突然從房間跑出來找我。

「馬麻……」他拉拉我的衣角，作勢要跟我說悄悄話。

「剛才屬叔拿水果給我們吃，我有跟屬叔說謝謝喔！」他那有自信的臉，就像什麼世界比賽得第一名一樣……，我看的又好氣又好笑。

「真的嗎？」我回。

要不是他表情太驕傲，我真的會淚崩。什麼嘛！原來根本不需要逼他啊！溝通在我願意同理的瞬間就被開啟了，我關注了水水的情緒，試著理解他為什麼「不叫人」，然後「破關」就順理成章地達成了。

對不起啊寶貝，我們應該要「等待」你準備好了再說的。

謝謝你，再度讓我們知道，原來我們父母也在做一些鬼打牆的事，而要停止這無限的惡性循環，也許就是好好地停下來，關注小孩對「要叫人」這件事情的「期待」和「標準」在哪裡。

小孩是真的不想打招呼嗎？還是他遇到了什麼障礙？是不是我們之前給了他們什麼不一致的資訊？就這樣，把生氣轉換成同理和好奇，真的就關關難過關關突破了！

　　難道，你真的要孩子大方地跟「陌生人」說嗨嗎？

　　還有，那位說風涼話的大哥大姐，也許是因為你這樣說，小孩才被嚇到吧！

阿Ben & 小可從礙到愛的Tips

阿Ben：

從小我們就被父母親教導「進門要叫人，出門要問好」，這對我們來說，就是基本禮貌。不過話說回來，我們其實也忘了當初自己的心情是什麼，或許也是覺得很有壓力吧！然後我們現在居然還把這樣的負擔加諸在孩子身上。總之，謝謝水水願意說出來，讓我們學習。

小可：

一種米養百種人，一顆肚皮也能生出不一樣個性的小孩！我的三個孩子在面對外人的時候，展現出來的個性真的都不一樣，有的是害羞，有的是外向，這也就是為什麼我們真正要去了解的，是孩子的「感受」，這才是薩提爾理論的要點。

現在，不僅每次到朋友家我們都會先打招呼給孩子看，有的時候朋友到我們家作客，我們也會鼓勵孩子主動去跟客人打招呼。透過一來一往的練習，他們就發覺到，人跟人的互動其實不是那麼困難。重點是，父母千萬別把不打招呼這件事情當作是一個「罪狀」喔！

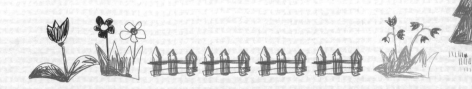

認識數字

 ## 事情是這樣的……

　　三歲以前，針對孩子的「零食」，我們做父母親的都一定是完全地、完整地控管。舉凡甜的、辣的、太鹹的，都禁止餵食。但三歲之後，特別是在上課之後，就會出現諸如下列的問題：

　　「馬麻，為什麼那個人可以喝多多？」
　　「馬麻，我也想吃洋芋片！」
　　「明天校外教學我要帶很多餅乾喔！」

　　在心裡出現無限白眼的同時，孩子們也是用一堆理由跟藉口都擋不住。因此，到最後就常常會出現兩難：

　　○ 給了 → 放任
　　● 不給 → 在我們看不見的時候暴飲暴食
　　零食啊零食，你讓我只能無語問蒼天……

　　最害怕帶孩子去的地方，其實不是百貨公司，而是便利商店，因為那裡真的應有盡有，特別是吃的和喝的，腳一蹲，手一抬就可以拿得到了。

　　重點是，生理需求就是馬斯洛的第一層啊！什麼？沒聽過？好啦，根據馬斯洛的需求層次理論，最基礎的第一層需求，就是生理需求，包括飲食、呼吸等等，再逐漸往上移至「自我實現」……好，我離題了。

　　「馬麻，我想要吃這個～」水哥說。

我看著卡通罐子裡面裝著像是糖果粒的東西，心裡打賭水哥大概也不知道裡面是什麼。

　　「不行啊！這個太甜了，而且容易會卡在喉嚨，很危險！」眼前這五彩繽紛的顏色，一看就知道充滿色素。NO！不行！想得美！下輩子！

　　「馬麻，那我可以喝這個嗎？」水哥轉戰飲料區。

　　「不行，水水～小朋友喝這個會蛀牙！」拜託，小孩子除了開水之外，就只能喝牛奶啊！「可是把拔都有喝……」水哥相當不屈不撓。

　　「把拔是大人，你是小孩啊！」為了禁止水哥，我居然說出這種大人騙小孩的話……

　　唉，每次進到便利商店，都是一場戰爭。重點是，孩子越大，戰場裡的敵人就會越來越多，從展示櫃低處的糖果餅乾，到飲料櫃裡的果汁汽水，最後可能連冷凍櫃裡的冰棒，都會被翻出來。

　　最可怕的是，有的時候都已經在結帳區了，還會有一條巧克力棒冷不防地穿過我，一個瞬間就躺在櫃台上。到現在，不知道已經有多少次，為了阻止他們亂買亂挑，連原本要繳的錢都沒繳，還被罰遲繳的滯納金。

　　但是，總不能永遠都這樣吧？難道每次去便利商店，就要來一場攻防大戰？便利商店這麼好用，又四處都是，我總不能一路上都抱著孩子用跑的逃離便利商店！

　　於是，我決定，要讓他們做「聰明的消費者」。當然，這不能只是嘴巴上說說，指使他們怎麼做。重點在於，要讓他們有「成就感」。

薩提爾之神降臨

首先，必須要拿掉對零食的排斥。我也要自首，我本身也是個甜食愛好者，甜點真的會讓人有滿滿的幸福感啊！但是，身為大人的我們，已經懂得「控制」；而對小孩來說，卻不是那麼一回事。

簡單來說，同樣是利用孩子的好奇心。零食對於他們來說，就是好吃，他們並不知道吃下這些零食的好與壞處，那麼，何不切中要點，與其一味制止，不如讓他們「認識」零食……

「水水，等一下可以陪我去便利商店寄東西嗎？」今天，決定放手來做一次教學。

「好啊！那馬麻我可以買東西吃嗎？」他興奮地回答。

果不其然，到了便利商店後，水哥一整個變成脫韁野馬，開始東張西望，恨不得把眼前的全部帶回去。

我寫好了寄物單後，便看見水哥蹲在餅乾區前。我緩緩走過去，問：

「挑好了嗎？」我彎下腰。

「不知道要吃哪一個？馬麻，我可以挑兩包嗎？」水哥拿起了一包。

「不行喔！挑一包吧！如果真的不知道怎麼挑選，那馬麻給你一點建議，翻到包裝背面，在這一個區域裡，沒有數字的就可以選！」

我仔細地指出「成分」的所在位置，像是《找出不一樣》的遊戲一般，讓水哥有主導權。

「沒有數字的嗎……馬麻，這個沒有數字耶！」水哥像是找到寶藏一樣的興奮。

「嗯！這個可以唷，是海苔口味的餅乾。你要嗎？」這裡頭的確沒有一些複雜的添加物。

「好！我要！」他開心地前往櫃檯，準備結帳。

結束了這場「教育訓練」後，我們回到車上，水哥開心地吃著餅乾。

「好吃嗎？」我問。

「好吃！」他的表情比平時更多了一點的興奮，讓我真的感到有點安慰。

又有一次，水哥想吃一個巧克力球，他問：

「馬麻，這個我可以吃嗎？」我們現在彼此都養成了 個習慣，那就是做「有限制的選擇」。

「巧克力要數字73以上才可以唷！」我回。

於是，水哥又開始進行《找出不一樣》的遊戲。

就這樣，便利商店再也不是戰場了，我們訂立了一個遊戲規則，而且彼此都尊重這樣的遊戲規則。我有時候甚至還會想，小孩多棒，當你認真地跟他約定一件事情，他就會用同樣認真的態度回應你。那麼，我們大概也就不用視吃零食為一件需要避之唯恐不及的事情了吧！

以前的我，都超怕有人對孩子說：

「來！帶你們去商店買零食！」

「小朋友要喝什麼或吃什麼嗎？」

「你們家小孩可以吃巧克力嗎？」

現在呢，我算蠻放心的，雖然說這遊戲規則可能偶爾也會有「破功」的時候，但是只要我在場，我相信我和我的孩子都是最後的贏家。

阿Ben & 小可從礙到愛的Tips

阿Ben：

我呢，以前一定每天都要一杯飲料，像是紅茶、咖啡、運動飲料（即使沒運動）等等，我也因此常常被小可唸：「健康很重要」。有了孩子後，更覺得自己要「以身作則」。所以，我也和飲料説掰掰了……。好啦，我覺得很值得啦！

小可：

我發現一直禁止他們挑選零食，他們可能完全不知道我們的用意。所以，我先做功課，用數據資料證實給他們看，讓他們真正了解「好」與「壞」、「適量」與「過量」的影響。如此一來，尺上的刻度我們都畫好了，接著，就交給孩子去測量吧！

現在，水哥偶爾還會擔任起我們的角色，幫我們嚴厲控管油妹和安弟呢！不得不說，我真的蠻聰明的吧？讓爸爸媽媽和小朋友之間的小遊戲，變成兄弟姊妹的互動方式之一，就是一種彼此把關的概念，真好！

深夜夜店趴

📎 事情是這樣的⋯⋯

通常隔天是假日的時候，我們都會讓三個孩子一起睡。一來，他們可以睡得比較久，再來就是，他們起床後會自己玩一陣子，至少⋯⋯不會來吵醒我們。

某天，在關上房門之後，沒一會兒，作息很正常的水水就夢周公了，但是剩下兩隻小的，也不知道在幹嘛，一直窸窸窣窣。

「可以睡覺囉！不要說話了。」

爸爸做了第一次的警告⋯⋯

3 分鐘過後，房間依舊不平靜。

「我說可以睡覺了～～

不！要！讓！我！進！來！」

爸爸這次的口氣更有威嚴。

15分鐘之後，原本在客廳抬腳的我（某種運動的強迫症啦），突然聽

到從房間傳來的哭聲，於是立刻彈起來，衝到案發現場。

結果，油妹和安弟各站在牆角的角落，面對牆壁，被爸爸命令去罰站了。兩姊弟邊面壁思過邊哭，依照這樣的哭聲來判斷，應該是有被爸爸教訓一頓。不過，在午夜12點多的住宅區內傳出這樣的哭聲，我除了真的很擔心吵到鄰居，還很怕被誤以為我們虐童！

我一個跨步走到爸爸面前把爸爸勸退後，仍然讓他們站了約莫3分鐘，因為我知道「我不是、也不能當救世主」，我目前能做的就是先讓大家都先乖乖回到床上休息。

我夾在油妹和安弟兩個人中間，安撫他們的情緒，畢竟睡前這樣一鬧，晚上做夢如果又哭，那這整晚我們肯定也不用睡了。

過沒10分鐘，這兩個小傢伙大概也是真的哭累了，沉沉地睡著。

我和爸爸回到房間後，我就在想，我必須要跟爸爸「溝通」一下了。因為在很多教養的瞬間，父母雙方都在管教孩子，可是卻沒有適當地處理分歧點。這樣就會導致一個情況：

孩子的情緒安頓好了，夫妻之間的關係反而產生問題。

所以，孩子睡著是睡著了，但如果沒和爸爸談這塊，下次「深夜慘案」還是很有可能會再發生。同時我也想讓爸爸知道說，我會站在他這一邊，一起努力找到最好的答案。

薩提爾之神降臨

坐在床邊，我盯著爸爸看，然後突然覺得，當爸媽真的是在修練耶，而且很明顯他還在生氣，就瞬間覺得有點好笑。我深吸了一口氣，用一種史上最認真同時又溫柔無比的口氣跟他說：「不要生氣了。」我戳戳他的手臂⋯⋯

爸爸一臉無奈地把頭轉過來，然後把事情發生的經過又跟我說了一次，讓我知道他為什麼那麼生氣，畢竟我當時不在場。

「我知道，但是請問哪一個孩子睡覺是真的一躺下去就會睡著的？尤其是這兩隻年紀那麼相近，會聊聊天我覺得都是很正常的～。」

「我還記得，小時候有一次睡覺，我也是跟我弟躺在床上邊聊天邊玩，那時候我媽在外面就已經對我們做了兩次的警告（兩次通常是父母的極限齁～～～～哈），但是就是止不住想要聊天，可能⋯⋯皮癢吧！」

「然後突然一陣腳步聲，是我媽！她衝到我旁邊，二話不說就抓起我的手臂狠狠咬了一口！那一口，搞得我的手臂又紅又綠又腫，我那時候也不懂事啊，就覺得我們只是聊天而已，有必要那麼生氣嗎？但很多事情都是要做了父母之後才明白，或許媽媽衝進來咬我（為什麼聽起來有點好笑），不是因為真的想要咬我們，而是她生氣的情緒已經到了極點了！不

咬不行，哈哈哈哈哈。」

講完這有點荒謬的童年往事之後，我自己開始笑得很開心，可能是因為過了這麼久，自己長大了，當了媽媽，對於那種口不擇言，或是找錯發洩方式的情況很能體會吧。

接著，Ben問我，如果當時是他在客廳抬腳（喂～），然後是我在房間的話，我會怎麼做。

我想了一下，說：「先警告他們。一定是先警告他們。一次、兩次，然後三次，如果還是真的不ok，那罰站到天亮就比較合理；但有的時候，也讓孩子做選擇吧，不睡覺明天起不來，相對就是沒辦法出去玩，那就是他們自己的損失。」

我說完之後，可能也是態度很平和，並沒有要責怪爸爸為什麼那麼兇，所以瞬間爸爸的情緒似乎也消了，沒多久我們兩夫妻便一起睡著了。

後來，遇到類似的問題，我們秉持的一個原則都是：讓他們承擔自己選擇的後果，簡單來說，就是讓他們感覺到，我們講好隔天要去的地方，一定會比晚上他們兩個在那邊聊天來得好玩！

其實，很多次在處理小朋友的問題時，我們反而應該要先處理「自己的情緒」。因為爸媽也是人，尤其一整天疲累下來，怎麼可能每件事都就事論事超客觀？又不是 AI 機器人保母。但是身為爸媽的我們，應該也要能夠比孩子更能掌控自己的情緒，對吧？

不是要自己毫無脾氣，而是不能讓脾氣戰勝自己。

當情緒上來的時候，真的會忘記我們應該要處理的是「事」而不是「人」。除此之外，夫妻的溝通更重要，因為管教孩子絕對是雙方的事，不然總會有一個人在扯後腿，成為超級豬隊友。

告知另一半你的想法和堅持，並不代表你在示弱，或是自己管教不方哦！學習自己不足的，也接受對方的意見，反而代表自己是「願意成長」的爸爸媽媽，在未來也才更有可能和孩子一起成長。

總之，黑臉不應該永遠都那麼黑。

對了！其實那晚水哥根本沒有睡，他是強迫自己閉著眼睛，聽著自己的兄弟姊妹被罵，心裡是相當害怕恐懼的。

說實在，我很開心也很感謝水哥願意在事後告訴我他其實是醒著的，這代表他知道，誠實不會換來一頓痛罵，我們也因為這樣的溝通，變得越來越好。

阿Ben & 小可從礙到愛的Tips

阿Ben：

不知從什麼時候開始，我就很深刻知道，教小孩絕對和夫妻之間的溝通有很大的關係，不是說自己開心罵小孩就罵的，除了沒有意義之外，還會害到自己的老婆。總之，學會「控制」，就會有更好的「案情發展」！

小可：

看到小孩這樣聊得開心，心裡其實也是會慶幸他們至少感情是好的（雖然也可能只是話多而已）；至於在管教這部份，我自己是認為黑臉肯定是有人要當啦，但他未必只能跳到黃河洗不清，有人扶他一把就可以～。

目前為止，小孩們在深夜辦趴這件事，我和爸爸一定會先「閃黃燈」，讓他們有機會「停看聽」，當然小孩一定不會這麼守規矩！但是……怎麼說呢，瞬間紅燈一定只會出車禍，你要哪一個呢？

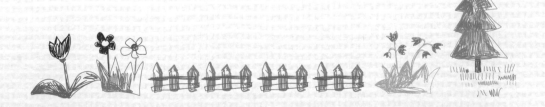

不說話他就是不說話！

 ## 事情是這樣的……

有一天晚上，我照慣例陪水哥練琴，想說陪著他，讓他不要一個人練習，也算是可以幫助他養成一個規律的習慣。結果，練到一半，他突然對我說：「馬麻，這幾天我看東西都會上下晃動耶！」我驚了一下，做了幾個小測試（當然我也擔心他或許是因為不想練琴而騙我），結果證明我錯了，水哥看東西時，視線真的是不清楚的，而且好像真的很不舒服！

我因為很擔心他的視力，所以讓他練了兩次之後就休息。殊不知，他居然進房間拿了switch準備要玩，然後想當然爾被我手刀阻止。

「可是每次練完琴把拔都會讓我玩15分鐘啊！」他快哭了。

「對！但今天不一樣！你記得你剛剛說眼睛不舒服嗎？我讓你眼睛休息，結果你還要玩switch？」我問。

「可是把拔說可以啊！嗚嗚嗚～」水哥眼淚奪眶而出。

看到水哥哭，我心想：「哪招？哭肉記嗎？我不會上當的！」為了讓水哥暫時停止使用這招大絕，我也很堅持地說：「好啊，沒關係～。不然你下去問把拔，如果把拔答應，你就可以玩！」分不清楚到底是委屈還是生氣，水哥掛著兩行淚，咚咚咚咚咚下樓跑去找爸爸。

　　「怎麼了？」Ben的表情也相當嚴肅跟驚訝！原以為我們只是去練琴，沒想到水哥哭成這樣。「來，你自己跟把拔說。」我把問題的主導權交給水哥。

　　但是，雖然就在爸爸的旁邊，水哥卻不發一語，只是呆呆地站著，什麼都不說。只離三四步遠的我，也在等。等待水哥「主動」告知爸爸，事情發生的經過。

　　但如同我想的一樣，水哥什麼都不敢說；或許也是因為知道自己做的不對，所以更沒有勇氣和爸爸說發生了什麼事，也因此就哭得更傷心了。而看著自己的小孩這麼難過，爸爸的心裡當然也不好受，所以就又更著急地問：「快說啊，為什麼不說話？是發生什麼事？」

　　果然，水哥真的是「守口如瓶」（欸？好像不是這樣用。）總之，水哥的嘴巴好像被三秒膠黏住一樣，還是一個字都沒吐出來。結果，爸爸問了三四次後，耐心也被消磨殆盡，在那一瞬間拿起隨身武器──拖鞋──作勢要打。我心想，應該不用怕會怎麼樣，爸爸只是想做做樣子，嚇嚇小孩吧？！

薩提爾之神降臨

在這個情況下，我再次立刻一個move，滑到了爸爸身邊，立刻把水哥拉開，因為我知道，現在要處理的是他們兩個人的情緒反應和「感受」，解決問題本身先排在第二。我想，水哥一定是因為害怕而不敢把自己的想法說出來。於是，緩和語氣後⋯⋯

我請水哥看著我，用「眼神交流」讓他知道我沒有生氣。慢慢地，感覺到他逐漸放下心裡的恐懼後，我輕聲地詢問：「水水你知道眼睛的重要嗎？」他點點頭，雖然我知道這種點頭就只是因為不想被罵而附和的答案（讓我仰天大笑～）。

我非常清楚，很多事情還是要讓孩子身體力行，他們才能夠理解兩者之間的差別。我對哥哥說：

「水水，我要你試試看，感受一下真的看不到的感覺。」

我要求他閉上眼睛，從廁所走到客廳，但我非常確定他一定有瞇著眼偷看，不然哪可能走得那麼穩！於是我隨手拿起了客廳的眼罩（到底哪裡來的眼罩？）讓他戴上，心想這下就算瞇眼也什麼都偷看不到了吧！我請他尋著我的聲音來找我，結果這一路跌跌撞撞，在一旁的弟弟妹妹全笑成

一片，不下三分鐘，不僅他的情緒緩和了下來，整個家裡的氛圍也從冰點再度回溫。

我幫水哥把眼罩脫下來，然後帶著他在高腳椅上坐下，開始用一種像「朋友」的方式跟他聊天。

「水水，沒有眼睛很不方便吧？」

「看不到的時候，就會有很多事情沒有辦法輕鬆做，像是踢足球、打棒球、彈鋼琴，甚至你想要跟弟弟妹妹一起玩，可能都不行。更不用說要跟大家一起上課讀書！」我說。

他收起笑容點點頭，這時候的點頭，我就可以感受得出來他這次是真的理解了，或是至少想法有改變了。

於是我趁勝追擊，再次跟他解釋為什麼我強力禁止他玩switch的原因，並且答應他，在看完醫生之後，如果眼睛沒有問題，他還是可以適當地玩switch。

同時，我也告訴他，媽媽理解他想要玩玩具的渴望，而媽媽不讓他玩玩具，並不是因為他不值得一個玩玩具的時間，或是他不乖，而是因為媽媽在乎他的眼睛。

接著，我把主導權再度交給水哥，因為他還需要面對另一個課題——爸爸。

大概「信心喊話」了兩三次，他終於鼓起勇氣去跟爸爸說明了。可能也是因為氣氛輕鬆了不少，所以他不那麼緊張，拼拼湊湊地把事情的始

末大概和爸爸解釋了一番。爸爸的態度也柔和了下來，並且和水哥說，他剛剛拿起拖鞋是因為很焦躁，看到他哭又不說原因，因為太想知道「為什麼」，卻沒有了解原因就先失控了。

看到兩個父子大和解的瞬間，我心裡就像是放下了一顆大石頭，腦中立刻浮現自己彷彿站在山頭一樣吶喊的畫面，那感覺除了「爽」我找不到別的形容詞！而原因正是因為，我知道孩子不是因為被迫妥協而認錯，也不是因為不服氣而放棄玩玩具，而是因為他真的理解到我們想要傳達的是什麼訊息。

我們選擇先讓孩子體驗「看不到的差別」，再解釋我們的決定，同時，孩子也提醒我們，原來我們展現出來的語氣和態度對他們的影響這麼大。

阿Ben & 小可從礙到愛的Tips

阿Ben：

看到水哥一直哭，但是話又講不清楚，當然當下是很煩，但是後來我也發現，跟著小孩一起起伏在情緒裡面其實沒有什麼用，雖然說不用要求自己像個聖人一樣，面對小孩任性可以完全沒有脾氣，但是至少身為家長可以懂得「慢下來」啦～。

小可：

如果在問題發生的當下，我們只選擇一味地用責罵喝止小孩的行為，到最後回過頭來，便會發現我們其實也是深陷在負面的情緒當中，這樣下來，我們處罰的就只是孩子的「情緒反應」而已。但是，沒有小孩會想要無緣無故一直讓自己哭啊！最好的方式就是讓小孩去體驗差別，才不會本末倒置！

小孩絕對也是具有獨立性格的個體！他們也會分辨是非，絕對不是沒有想法，只是不知道該怎麼說，也找不到時間點說；無論如何，再怎麼牛氣，也千萬不要抹殺他們表達的權利。

(不要)．(不要)

 ## 事情是這樣的……

「1、2、3……」是父母親最常對孩子說的，但你知道孩子們最常對父母親說的是什麼嗎？就是……

「不要！不要！不要！不要！」

「要不要吃飯？」「不要！」

「要不要洗澡？」「不要！」

「要不要睡覺？」「不要！」

其他的都還沒說那麼清楚，這兩個字最會說。「不要」二字就像是一種魔法，一種隨便就可以讓父母失控的魔法……

在安弟兩歲的時候，他已經學會了「不要」這兩個字。可能是偶爾聽到了哥哥跟姐姐說，所以吸收的相當快速。有時候，孩子的成長會快到你無法預測。

有一天，三個孩子在客廳玩玩具。水哥玩樂高，油妹跟安弟在玩扮家家酒，這一切「看似」非常和樂。但是，畫面維持不到10分鐘……

「是我先拿的，你還給我啦！」油妹大叫。

「不要！」安弟一副想得美的表情。

「我那個是女生的耶～給我！」油妹開始追討。

「不要！」安弟把玩具藏在背後，就是不給姐姐。

這時候，水哥看不下去，發聲了：「安安，這是姐姐的，還給姐姐好嗎？」「我—不—要—」安弟還給我拉長音。標準小屁孩啊。

看到這情況，我走上前去，說：「在吵什麼啦？到底！不能好好的玩嗎？」「把拔，安安拿走我的玩具還亂丟，我叫他拿回來，他說不要。」油妹像看到救星一樣。

「安安，跟姐姐一起玩！而且你把玩具亂丟，本來就是要拿回來的啊？」我試圖用語言勸導。

但我得到的，還是這一句：「我不要。」

我整個怒火燃燒起來，爆吼：「什麼都我不要！什麼都不要！那以後人家跟你玩，你也不要；要帶你出去，也不要；要買玩具給你，也不要。這樣好不好？！」

本以為我可以鎮住安弟，殊不知安弟整個傻住，然後繼續說同樣一句話：「**不～～～～～要～～～～～～！**」

於是呢，我就這樣被施了魔法，我拎起這小小魔法師，準備帶進廁所來個 men's talk！誰料，半路殺出個程咬金。

「拱拱，讓我來好好地『教導』他。你先安慰一下油油，好嗎？」就像大隊接力賽傳接力棒一樣，小可一手把安安接過去，進入溝通冷靜區——廁所。

結果，五分鐘後，安弟從原本的嚎啕大哭，轉變成低聲啜泣。過沒多久門打開，居然沒事了，他們三個小孩又繼續玩在一塊。

薩提爾之神降臨

什麼？難道小可其實才是魔法界裡的大老？為什麼現在又都安然無恙了？我剛剛到底哪裡做錯？

仔細想想，小可和我剛剛的處理方式，差最多的地方似乎是……速度？我是否太急著把自己焦躁的情緒表達在孩子面前了？

　　我默默走到小可的旁邊，仍然一臉狐疑。我問：

「他知道我為什麼生氣了嗎？」我想確定交給小可處理是真有成果的。

「不知道欸～」嗯？怎麼會這麼無所謂？！

「什麼？那妳怎麼跟他溝通的？」我當下完全呈現受驚的狀態。

「拱拱，那你知道你為什麼生氣嗎？」小可居然反問我。

「我知道啊……因為他一直在講『不要』，什麼都不要啊！」小可明知故問，我好不容易消下去的火，現在又整把燃燒起來！

「所以，你是因為他一直說『不要』而生氣呢？還是因為他丟油油的

玩具不道歉而生氣呢？」又丟給我自我檢視題。

「這兩件事情是一樣的啊！」對，我就是不想檢視自己！

「我能夠確定的是，安安根本不知道他說『不要』會讓你這麼生氣，也或許他根本不知道『不要』這二字，會讓人這麼反感！但是，我可以非常非常確定，你剛剛生氣的時候，**一共講了五次的『不要』**。」

我講了五次的「不要」……，有嗎？這個回問有種一下子重新將局面推翻的感覺。

「你明明不喜歡他說不要，可是你自己卻一連串霹靂啪啦講了五次！五次！這下可好了，安安加深了記憶，有可能更加忘不了了！」

「在廁所我只跟他說，拿了別人的玩具又亂丟就是不對；不尊重別人，還不道歉，更不對。我希望他可以學習尊重，好好跟別人相處，就這樣！」小可回。

「但是，妳這次不好好讓他記住，那他下次又講不要的時候，怎麼辦？」旁觀者真的都很輕～～～鬆耶。

「我就給他選擇題啊！老師有講你都沒在聽，不要給孩子是非題，就是絕對不要給他說不要的機會；『現在立刻去撿玩具，或是你想沒人陪你玩』，很清楚讓他做選擇。」

「再者，無聲勝有聲。你越有反應，他越覺得有趣！千萬別讓孩子牽著鼻子走！」說完，小可就默默飄走了。

不過，我還是很納悶，這樣真的有效嗎？下次又在「歡」，一直說不要的時候，總不能又都拉進廁所吧？我突然好期待，期待安安「（不要）·（不要）」的魔法再度發功。

這個願望，還真沒過多久就發生了。好不容易可以睡到自然醒的假日，又被這「不要～不要～我不要～」的「咒語」給吵醒。安安沒讓我失望，隔一天就發功了。

我起身，看床鋪旁邊的位子是空的，心想：「很好！小可去處理了。」我躡手躡腳地走到客廳，想看一下到底是如何無聲勝有聲，以及到底是如何不給他說不要的機會。

「你們兩個又在幹嘛啊？」小可EQ真的很高。

「他拿我的蠟筆～」

「姐姐不跟我分享～」

「我想要粉紅色畫一下公主……」

「不要！我不要！」

「可是那是姐姐的，你要問她啊！」

「我不要～」

看到眼前這景象，我心想，這下沒戲唱了吧？魔法大老還是得退位的啦！

但説時遲那時快，小可先走過去安慰一下油妹，不知道在她耳邊講了什麼，然後她就沒有這麼激動了，接著又走到了安安旁邊，説：

　　「安安，馬麻問你，你知道『**不要**』是什麼意思嗎？」安弟搖搖頭。

　　「不要的意思就是拒絕別人。你一直拒絕別人，別人就會覺得你什麼都不想要加入，這樣以後別人想要玩，也就不會想問你；想要買東西，他也不會問你了。」

　　我聽完簡直就要直接拍手，這麼長的句子只説了一次「不要」，也太強了吧？

　　有趣的是，在那一次事件之後，這兩個字出現的頻率真的大幅下降，甚至有的時候安安自己不小心脱口而出，還會非常警覺地看我們一下。

　　後來，有天我決定認真問問小可，因為我發現，雖然我也很想耐下性子來，好好處理每個令人崩潰的情況，但是就是難，我好像總是會徘徊在失控邊緣，自己都有點無奈。

　　「婆婆，到底是什麼信念讓妳可以如此鎮定，處理每個瘋狂片刻啊？」問的同時，我還是忍不住讚嘆一下了小可。

　　「我就是去觀察孩子説話背後真正的含義是什麼啊！這樣就不會被字面意思激怒了。」

　　不得不説，小可這樣的回覆，一瞬間讓我覺得自己的EQ差了她一大截。但是，我怎麼能就這樣讓她得意滿滿呢？不鬧一下我的寶貝婆婆，真

的就太辜負我幽默風趣的個性了！

「背後含義？孩子的我是不太懂啦；但～妳的我卻很了解喔。」

「你神經啦！走開啦！」

我一把抓住小可飛踢過來的腳。

「喔……，我知道，這句背後含義應該是『快來抱抱我！』對吧？我要反擊啦～」

礙於本書屬親子共讀普通級，後續發展請自行發揮，關燈睡覺！

阿Ben & 小可從礙到愛的Tips

阿Ben：

我真的覺得，有時候，跟孩子之間要有點「小心機」。當孩子失控的時候，你的情緒如果也因此起伏，那下一次，孩子就還是會用同樣方式來「對付」你。所以，面對種種接踵而來的考驗，我們都要學習用「平靜」的信念來穩定自己的情緒，即便是故作鎮定也好。否則，很容易就上孩子的當了。

小可：

我身邊真的有很多家長對於孩子這個口頭禪——「不要」——給傷透腦筋。越是規定不准講，他們越是講得起勁。後來，我發現，「冷處理」比任何情緒上的反應都來得好。因為他會很清楚地知道，「這招沒用」！

給所有父母親一句話，面對孩子學到的那些奇怪的文字，就是「莫急、莫慌、莫害怕」……

吃麵吃飯傻傻分不清楚

 事情是這樣的……

一天三餐，一年 365 天，所以一年加起來總共有 1095餐。試想一下，如果家裡有三個孩子，一年平均就要至少問 3000 次的「要吃什麼？想吃什麼？」，而且這些還不包括點心水果！

現在，我終於知道為什麼一樣生了 3 個孩子的小可的嬸嬸，當初會直接乾脆開一家自助餐，大概就是在吶喊：「要吃什麼自己挑啦！免問了！」

不過，很不幸地，目前這個「要吃什麼」的難題，還在持續上演中……

「媽媽今天工作，晚上沒煮飯，晚餐想吃什麼？」開車接他們下課，在車上我轉頭一問。

然後，以下景象是這個月的第 35 次：

「麵！」、「水餃！」、「白飯！」、「草莓麵包！」這三個孩子彷彿在競標一樣。

「油油，再怎麼樣現在都也不可能吃草莓麵包……」我無奈地說。

而且，油妹是草莓控，有時候還會蹦出草莓鍋貼之類的餐點！總之，待大家決定好之後，我下車一次買齊，想說這些全都是他們自己選的，沒理由說這個我不喜歡吃、那個我不想吃了吧？！

但是呢，人生總是不盡人意的（有這麼誇張嗎？）在餐桌上時，大家坐在自己的位置，然後打開晚餐的盒蓋……

「把拔，我要醬油膏。」

「把拔，我不要麵裡的豆芽菜。」

「把拔，我只要吃飯飯就好。」

聽到這些話，覺得這些孩子實在是很助燃耶。我深吸一口氣，說：

「你們先吃，好嗎～？」目前，都還在我忍受的範圍內。

「我～也～好～想～吃～水～餃～喔～」

突然聽見有人在旁邊murmur。

「怎麼了，油油不是妳自己說要吃麵的嗎？」我問。

「我剛剛是說～我要吃麵『或』水餃都可以啊！」

油妹一副很理所當然。

果真，還是不能好好吃飯。

「油油，把妳點的麵吃掉，如果還餓，再讓妳吃水餃！」我說。

「可是我不想吃麵，我想吃水餃。」

不、要、挑、戰、我⋯⋯

再度緩和自己的情緒後，我緩緩地說：「麵吃完才有水餃～好嗎？」

果不其然，有個東西來了！就是那雙圓滾滾的眼睛！不一會兒，淚水就又在裡頭打轉了。

「哭沒有用！」對，我不會心軟的！

聽到這話，油油只好繼續低著頭，一根、一根、一根地吃。但是，這樣一根一根吃，是要吃到民國幾年？

我看著這樣的吃麵速度，心裡更火，水哥在一旁則心疼地看著油妹，說：「把拔，沒關係，不然我的水餃給她吃好了～。」

「不～用～自己點的自己吃完！」我差點還要講出個人作孽個人擔這句話。

半個小時後，我和油妹繼續大眼瞪著小眼。奇怪，明明我點給油油的麵是小碗的啊？怎麼越吃越多啊？

「油油妳到底要吃多久？一碗湯麵被妳吃到變乾麵，然後現在快變成一團麵團！」

鄭重宣布，我耐心只剩**不到1%**。

「我不喜歡吃麵！」她用叉子來回翻攪著碗裡一大坨的麵團。

「是妳選的麵，妳現在跟我講不喜歡，那當初為什麼要吃麵；這麼多選擇，妳為什麼每次都要點了麵又要吃水餃；吃了水餃，又說想吃飯；換來換去的，每樣食物都被妳浪費了！知道嗎？」很好，耐心正式用光。

這時，車庫的車門開了。馬麻回來了。

「怎麼啦油油？又不好好吃飯啊？」油妹看著馬麻，有種看到救世主的喜悅。此時小可也知道我的耐心全無，並用眼神告訴我，讓她來處理。

薩提爾之神降臨

雖然我心有不甘,因為就這樣離開,不就表示我認輸了嗎?這樣以後發生同樣的事情,油油可能就不會聽我的話,只想等馬麻回來了。

可是,現在的我真的需要去透透氣,大概也是知道再這樣下去,火山爆發,情況會變得一發不可收拾,最後只會演變成全家人哭成一團。

既然如此,不如緩一緩,認清現在自己所扮演的角色;好像有句話叫作「輕重緩急」,那我現在就來練習如何掌握這四個字吧……

但是,沒過多久,母女倆竟然就回到客廳了。我小聲地問小可:「她吃完了?」

「沒有～因為麵已經不好吃了!」我不可置信地看著小可,心想這是什麼理由?

「拱拱,別生氣,相信我,我會讓她『尊重自己的選擇』的!」哇勒!這親娘眼神瞬間……殺很大!

結果,隔了差不多兩天,同樣的場景發生第40遍:「小朋友,你們今天晚上想吃什麼呢?」這次換小可問他們。

「水餃！」「白飯！」「……！」

咦？少了一個答案？我剛剛自動出現聲音？而就在我正要開口問的時候，小可搶先一步，說：「油油，妳呢？要吃什麼呢？」「馬麻，我有點想吃水餃，也有點想吃咖喱飯！」但這次油油說話的態度，有點不太一樣。

「那如果只能選一個呢？妳可以告訴我最想吃哪個嗎？」

「蝦蝦水餃！」我發現油妹不是害怕，而是一種……一種……不隨便的感覺。對！已經不是隨便亂說到最後卻不吃的態度！難道，她已經知道「尊重自己的選擇」了？

回到家後，八顆水餃一下子就吃完，孩子們也都全到客廳去玩了，餐桌上只剩我跟小可兩個人。我實在受不了，這到底是哪個年代的魔法？

「婆婆，可以跟我說油油今天怎麼了嗎？」

「怎麼了？沒有怎樣啊！她有乖乖吃完她點的東西，不是嗎？」

「對啦！她是很乖，但也很怪啊！才兩天耶！這改變太大了吧？」好險這是好的轉變耶，如果是變得很陰沉或是什麼的，你也一定會帶去給塞ㄟ（台語：師父）收一收的啦！

「喔，你說這個唷！」小可還在賣關子的感覺。

「原本東挑西選，這個不吃那個不要，點了又變……今天完全判若兩人啊！」快點說，我的眼神很著急！

「老實説，當初我也不知道該怎麼處理她這種點了餐又不吃的奧客！」小可終於放下筷子。

「用説的，油油不一定聽得懂。所以那天下午我跟她畫畫的時候，就想到的這樣的方式……」

「油油，妳今天想要畫什麼啊？」我拿出兩張畫紙和一盒畫筆。

「媽媽我想要畫公主～。」油妹立刻挑了一隻粉紅色蠟筆。

「真的嗎？那妳想畫什麼公主？」

「長髮公主～」油妹已經開始畫線條了。

「那我畫白雪公主好了！」我説。

過沒多久，就在油油專心畫圖的時候，我拿起自己黑色畫筆，用力地在紙上畫了一個大叉叉。

「馬麻，為什麼妳要畫叉叉？妳不畫囉？」油妹問。

「對啊！我不想要畫白雪公主，我想要跟妳一樣畫長髮公主。」我想著自己是平時的油油。

「好啊！那就跟我一樣畫長髮公主，粉紅色給妳畫公主的衣服，好嗎？」油妹應該也想著自己是平時的我吧！

過了一會兒，我又把筆丟在地上。

「馬麻，妳怎麼可以亂丟呢？」「我不想畫了！哼。」我覺得我演得相當傳神。「為什麼？不是說要一起畫長髮公主嗎？」油油露出一副很失望的表情。

「我畫了長髮公主以後又覺得我想畫白雪公主，但是我看到你畫長髮公主我又不想畫白雪公主，油油妳看我的紙變成這樣醜醜的，妳都已經畫好了，我什麼都沒畫成功！」我想如果老公在場，他一定會從我頭上巴下去！

「馬麻妳不能這樣變來變去，想要一樣東西就要好好地完成啊！」

其實，我不只是演員，我更是一名超強編劇，一切都在我的預料之中。

「喔喔，這樣子啊！那油油我想問妳，妳覺得像這樣子馬麻沒有把白雪公主畫好，就有想換長髮公主，被畫到一半的白雪公主會難過嗎？」

「對啊～超級難過的！」

「所以，我應該要尊重自己的選擇對吧！既然要畫就要畫完再選擇其他的。」

「是啊！要一起畫漂漂亮亮的公主。」賓果！就是這個moment！

「油油，妳想一想，吃飯的時候，妳也是點了麵，又說要吃水餃。這樣，麵條沒人吃，被丟掉也好可憐，對不對？」

「好像是耶～。」

「那我們下次都要想清楚，再選擇自己想要的～，好不好？」電影《即刻救援》很好看，即刻教育也很重要！

「可是，我有時候想吃，有的時候又不想！」

「那就把自己的想法清楚地說出來，或者先請大人等一下，想清楚之後再告訴大人也可以。」

「嗯我知道了！」油油笑著看著我。

「那我要繼續把我想要畫的白雪公主給完成喔！」我也笑著看著油油。

「就這樣啊！應該是這個關係吧！她今天才會好好點餐。」小可拿了張的面紙擦了一下嘴，彷彿完成了什麼大事業。

小可也特別和我說，當下一定要帶著他們想一想適合的解決方式，最後一定要回到事件最初，別讓孩子覺得妳在「刻意」教育她。我也表示明白。

最後，大家都回房去了。我則是做了一個選擇，選擇一個人在餐廳裡想一個問題，我很努力地思考著，彷彿在試著參透一個哲學性的人生問題一樣地想著：白雪公主被比喻成麵條，她會開心嗎？

阿Ben & 小可從礙到愛的Tips

阿Ben：

人家說，女人心海底針，但我還不知道這根針這麼小就有了，從小就是善變啊！

小可：

要讓不同的孩子了解同一件事情的比喻，還真的得「因材施教」。所以，我找了油油最愛的畫畫當作方法，並透過畫圖試著讓她了解這件事的重要性，這樣她不但「感受」了我們的「感受」，也學習到了「尊重自己的選擇」。

或許因為這樣，家裡就常常做飯，至少沒那麼多決定要做，自然就沒那麼多藉口了。但道高一尺、魔高一丈的油妹最近又發明了新句子：「油油，想吃什麼啊？」「馬麻吃什麼我就跟馬麻吃什麼！」我無語問蒼天，這到底是誰教的啊？完全無解！

摔倒了，不哭

 ## 事情是這樣的……

你身邊有沒有那種人，一看到小朋友跌倒，就慌慌張張地說：

「來～怎麼會撞到？我幫你打它，桌子不乖！」

「哎呀……摔倒了！都是地板害的！」

我知道孩子都是寶，哪一個不受人疼愛？但是有時候，某些在孩子面前的表現還是太極端了。

因此，在還沒有小孩之前，我就警惕自己，小孩千萬不可以過分呵護，因為，原因很簡單，長大後你會發現撞傷地板是要賠錢的……

因為第一胎是個男孩，我在教養方面也比較嚴格一點，完全執行軍事化的教育：坐有坐相、站有站樣，然後沒事別給我亂滴眼淚。

也許，這樣的教育方式和我自己的成長經驗有很大的關係。反正，哭就是沒用，少來這招！

但是呢，這樣的方式，對老一油妹完、全、失、靈。

女孩子穿裙子，本來是該好好坐好的，但她跑得比水哥還失控，跟她說哭沒用，她還是照哭給你看！

還有，另一句話應該也是在親子界蠻流行的，就是「樂極生悲」。

那天下午，我帶他們去公園玩，因為天氣沒有很好，所以我千交代萬叮嚀，一定要穿球鞋，不然突然下雨地滑就危險了。

但是，油妹堅持要穿公主鞋，而且是還有一點跟的那種。

「油油，這個鞋鞋不適合去公園玩喔～」我蹲下來跟她說。

「我要穿季個，季個比較漂釀！」她，整個人身上寫著堅持兩個字。

而我……我只能答應……。我承認，對女兒我真的比較沒輒。

到了公園後，水哥油妹開心地在溜滑梯區奔跑著，畢竟這一個禮拜都陰雨綿綿，孩子們也真的被悶壞了。

突然之間，遊戲區的另一面傳來一陣哭聲，不是，是嚎啕大哭聲！我手刀衝去，而眼前的畫面真的是讓我感到又氣又好笑。

油妹雙手抓著繩子，一腳踩在木頭樁上，另一隻腳勾著另一根木頭樁，然後屁股騰空卡著……

「把拔！把拔！」她一看到我哭得更厲害。

「哭什麼？」我一把抱起她，然後立刻讓她站到地上。

結果，討不到抱抱的油妹又蹲著哭了。

「站起來。我說了，叫妳不要穿這雙鞋的，妳硬是不聽，好了吧，摔了才在那邊哭！」我繼續說。

然後在回去的路上，水哥牽著油妹，我走在後頭，心裡想剛剛是不是太兇了。但是又馬上急轉彎，覺得不行，我不可以過去安慰她，不然她又以為沒事了！這樣只會回到無限的惡性循環！

回到家後，正在準備晚餐的小可聽到我們回來了，說：

「快去洗澡，等等吃飯囉！」

「喔～」只有水哥應了一聲。

「還好嗎？」我正準備帶他們洗澡，但是小可叫住了我。

「沒事，油油摔了一下……但還好，沒受傷。」說完我就帶著他們上樓去了。

當然，晚餐時我們也沒什麼互動，我那時候才真正地感受到「前世情人」的威力，那種感覺超級像在跟老婆嘔氣耶！

但，這終究是個面子問題，決定不能先低頭，我再怎麼說也是「父親」啊！

「掙扎完了嗎？」小可突然冒出來對我說。這天外飛來一筆可把我嚇

壞了，小可是不是會讀心術啊？！

「你掙扎完了嗎？」小可又再問了一次。

「掙扎？我掙扎什麼？哈！」

拜託……我為什麼要掙扎？我又沒做錯事！

「想安慰就去安慰她啊！你沒看到她膝蓋都瘀青了。」小可直接擊破，不讓我再找藉口。

「看到了啊，但我已經警告過她啦！要去溜滑梯還硬要穿那雙鞋，那麼堅持，所以摔倒就要自己承擔！」我像是在跟法官澄清一樣。

但是，我面前的這位法官卻極為鎮定，打算一一反駁我的「辯詞」。

「你先不用這麼苛責她，先換個方向想……拱拱，如果你今天是帶我出去玩，我一定就想要精心打扮啊，畢竟是跟我喜歡的人出去耶。」小可開始進行另類洗腦模式。

薩提爾之神降臨

哀，好吧，反之我也 ㄍㄧㄥ 得有點累了。老實說，我知道我自己這樣某程度上也是在賭氣，而且具體來說，在賭什麼我也不知道，就尊嚴問題吧！

但我知道我其實不用這樣，對於油油來說，她就是覺得「爸爸一直在兇我」而已，那既然我都知道是這樣子了，究竟還在等些什麼？

來吧！我來看看這次法官怎麼說，也許就這麼醍醐灌頂，也好⋯⋯

「你先想喔，今天為了跟你一起去郊外踏青，然後我精心穿上最好看的洋裝，配了一雙我最喜歡的高跟鞋，然後⋯⋯」

「不是，可是妳不會這樣穿出門啊！」我打斷。

「你是有什麼問題啊！我說：『你先想～先用想像的』，好嗎？」嗯，抗議無效。

「我打扮那麼漂亮，都是為了可以開開心心一起出去玩。誰知道，老天爺卻在我下小山坡的時候，開了我一個玩笑⋯⋯」小可等待我進入故事情境。

「因為高跟鞋拐到，我重重跌了一跤！當下我痛得不得了，大家也都在看我。請問，在我身邊的你，會怎麼做？」小可說得好生動啊！又是魔法師又是天橋上的說書人？

「這還用說，我當然一把扶起妳來，然後趕緊看看有沒有受傷什麼的啊！」我回答。

「叮咚叮咚，這才是女人要的！那為什麼你當下不這麼做勒？」小可擺出一副「被我抓到囉」的臉。

「當下？！哪個當？哪裡下？」我一頭霧水。

「油油摔倒的當下啊！」她說。

「欸欸欸，這兩回事吧！妳是我老婆，她是我女兒！而且我已經警告過她啦！」我真的越聽越不懂了。

「哪裡不一樣？你心裡掙扎的程度就差不多！」我就像被戳中要害一樣，無法反擊。

小可趁勝追擊，繼續戳我，喔不是，是繼續說明：

「孩子和女人最大的相同處，就是吃軟不吃硬。你都知道我們出門一定想美美的，所以我們還是會選擇穿那最好看的衣服。但，就事與願違啊，儘管我們多小心多注意，悲劇還是發生，還是摔了跤，受了傷，也出了糗……夠慘了吧！」我默默點頭。

「然後看到自己最愛的男人過來，居然連一句安慰都沒有，劈頭就罵：『看吧，就跟妳說不要穿高跟鞋，摔倒了真的活該耶！自己站起來。』那我回來不跟你分手才有鬼勒！所以……你女兒不理你，正常啦！」

一瞬間，我整個被定罪，而且我竟然也相信自己有罪？

「那怎麼辦？」我說。

「去安慰她啊！」小可一派輕鬆地回答。

「快去，先安慰再說教，她會聽進去的。」

接著，她起身，對油油說：

「油油，把拔請妳過來一下。」

沒多久，油油來到我面前，小可則是微笑地看了我一眼，而我除了有種被趕鴨子上架的感覺，竟也還有被信任和被支持的感受。

好的，我要來彌補我的過錯了！

還好……不會太晚。

阿Ben & 小可從凝到愛的Tips

阿Ben：

唉⋯⋯女人跟孩子原來都那麼難搞啊！但至少，我明白了一件事，就是任何事情都是物極必反的。往往我就是怕給了太多呵護，但最後什麼也沒給。還好還好，現在學到還不太晚！

小可：

人家說女人心海底針，但小孩的心思也沒有粗到哪裡去啊！難怪，大家幾乎都喜歡女生、討厭男生，原來就是因為我們懂得對方啊！

現在只要家裡面一個孩子不小心受傷了，其他兩個就會立刻上前去關心。我在想，如果當初我一直堅持著，用自己的方式來對待孩子，那現在他們應該是站一旁說：「自己站起來啊！哭什麼哭！就跟你說不要玩，就跟你說不要用了吧？」現在，成功地避免掉這個態度讓我覺得，好險我成長了！

嘿！住手好嗎？

橡皮擦馬麻

 事情是這樣的……

那年暑假，正在上幼小銜接課的水水，正開始練習手寫注音符號，不過因為還不太會拿筆，所以馬麻準備了非常多的「給西」，像是握筆器、三角筆、練習本、還自製了拼音小卡，可以說是萬全準備。所以，在孩子教學這一塊，我基本上是完全放心地交給她。然而……

某天假日，他們照慣例在房間裡練習注音符號。平時，他們大多會練習40分鐘左右，今天卻特別久。果不其然，過沒多久房間內就傳出了獅吼聲，身為好拱拱（好老公）的我，掐指一算，應該是她「好朋友」來了。

我慢慢走向房間，準備一探究竟，越靠近禁戒區，我也就越緊張。小可生氣地站在書桌旁，水水依舊坐在書桌前，但奇怪，都快一個小時了，練習本上面一個字也沒寫。

不，不是沒寫，而是全被擦掉了。桌上全都是橡皮擦屑。

我走上前去詢問到底發生什麼事情，先站到小可身邊，輕摟著她的肩

膀，小聲地詢問：「需要幫忙嗎？」這不問還好，一問，居然淚崩了，又氣又難過，哭著說：

「全部的字都不知道在寫什麼耶，ㄅ寫得比ㄞ大，ㄨ寫滿整個格子，叫他寫個字左右顛倒，歪七扭八，完全不知道在寫什麼，我全部擦掉重寫，不想寫就不要了！嗚……嗚……」

嗯沒錯，我確定今天是第一天！

然後，這大的一哭，小的也跟著哭了。眼前彷彿上演一齣八點檔戲碼，只差沒有人得絕症而已。我心想，現在是怎樣？哭有比較厲害嗎？

「沒事沒事，這裡交給我吧！」我扶著她的肩膀，能處理一個是一個。聽見啜泣的聲音越來越遠，我回過頭，面對另一隻小的。我摸摸他的頭，讓他先緩和一下情緒，問：「還好嗎？」瞬間，這就變成了一種男人間的互動，如果你是父親，又剛好在看這篇時，你就會懂。

男人的情誼是很特別的，是一種我可以很挺你，但不會說什麼親暱的話語，就buddy-buddy。但爸爸和兒子的關係就又不一樣了，因為沒得選！出生了，我就是你老子，你就是我兒子，儘管個性多不合，這輩子還是改不了。幸好，至目前為止，我和兒子都處得非常好。

不過……，現在這個「扮勢」，應該算是已經走到心靈層面了，我當下真的很想打電話給邱永林心理師，然後剖析一下我老婆和孩子現在的心理狀態，以及我應該要用什麼樣的心態來處理。

沒辦法了！面對現在這個局面的我，只能硬著頭皮，來一場「Boys' talk」！

薩提爾之神降臨

拉了張椅子，我在水哥旁邊坐了下來，我並沒有先說話，因為我想聽看看他要說什麼（拜託……我說了我都需要求救了）。我在想，與其自己先去預設對方的立場，不如先讓對方說出自己的想法，如此一來，抓到彼此之間思維的落差大概也會比較快吧……

「把拔，馬麻好生氣……」水哥説。

太好了！我心中的石頭放了下來，不知道開心地放了幾次煙火，謝謝你真的願意先開口啊！兒子！

「嗯嗯，我知道啊！下次你慢慢寫，不要貪快，這樣馬麻就不會生氣啦！」我拍拍大腿，示意他坐到我腿上來。

「但是，馬麻一直擦，我都沒辦法好好寫。」邊走邊説，水哥往我腿上一坐。

啊！真沉啊！這孩子長大的速度太快了，我也不知道多久沒好好抱抱他了，感受到他一下子來到這個重量，瞬間覺得其實 boys' talk 也蠻好的。

「這樣啊！可是馬麻應該是覺得水水可以寫得更好，所以才會把它擦掉的。」我試著揣摩小可的思維。

「可是一次寫很多，手就好酸，根本沒辦法一直寫。馬麻又一直擦，我根本寫不完！還有啊⋯⋯」好像打電話到申訴專線，水哥霹靂啪啦地說，我從沒看過他這樣一股腦兒地告馬麻的狀。

「嗯⋯⋯那水水，你希望馬麻怎麼做？」當下問他這一題時，我自己也嚇到，要是他說出個什麼荒謬的期望，我該怎麼辦？

「我希望馬麻不要生氣！」水哥說。然後我等待著下一句。

「⋯⋯⋯⋯」我持續等待下一句。

「沒了，就這樣？」我驚訝地看著他

「嗯⋯⋯馬麻不要生氣就好。」說完，他從我的腿上下來，回到書桌前，繼續寫字。

然後我的眼眶瞬間就濕了，心裡充滿髒話，我是在哭個什麼鬼啊？不是，這孩子也太懂事了吧？

看著水哥似乎回到寫字的情境，我也決定離開房間，讓小可知道孩子的心思。出來後，只見她一個人坐在客廳發著呆。

「婆婆，我們聊完了。」

「水水還好嗎？」她還是很擔心兒子。

「嗯嗯⋯⋯我跟他說妳為什麼這樣做的原因了。但妳想聽聽他怎麼說嗎？」我不想隱瞞，也不想拖著不說，因為⋯⋯一方面我也怕自己記性差啦！

「他怎麼說？」小可比我更著急。

「他說有時候要寫好多字，手會很痠，所以寫不到馬麻的期望，但只希望馬麻不要生氣。」我就是要把最後一句讓她知道。

「我去看看他！」小可立刻起身往房間走去。

沒過多久小可抱著水水出來了，我自然沒多問，因為根據這馬麻抱著前世情人的畫面來看，我可以非常肯定，他們和好了。

　　不過呢，雖然我很開心，但我也很吃醋，好歹說我也有點功勞吧？怎麼樣？不該謝謝我嗎？不該抱抱我嗎？

　　後來，到了晚上，我和小可習慣性地睡前聊聊天。

　　「對了，謝謝你拱拱。」小可說。我瞬間有種受寵若驚的感覺。
　　「呵，謝什麼？」好啦，我明知故問。
　　「就今天水水的事啊！謝謝拱拱在我理智線斷掉前，立刻現身救援。謝謝拱拱在水水面前幫我想理由。謝謝拱拱，在我有錯的時候，不會火上加油。」聽得我都不好意思了。
　　「應該的啊！」我笑得好害羞。
　　「我答應水水，以後不再這樣追著他把已經寫好的字擦掉。不只這樣，我應該要欣賞他的字，古時候也一樣有草書和隸書啊！」她靠在我的肩膀上。
　　「沒事就好。對於孩子，我們也都在學。說不定以前我們寫字比水水還要醜！」我也輕靠著她的頭。
　　「你寫字才醜勒！我從小字體很工整的好嗎？」哇塞，這瞬間翻臉比翻書還快。
　　「好啦好啦！我最醜我最醜！但妳嘴巴說謝謝我，是不是也在實質上有一些表示啊！」終於到我討抱抱囉！
　　「你走開啦！我今天不方便啦！晚安。」就這樣，我被一把推開。

　　好的，至少證明一件事：今天是第一天。
　　我還是蠻懂我老婆的心的。

阿Ben & 小可從礙到愛的Tips

阿Ben：

在寫作者序的時候，我有提到和父親的關係，所以在面對這樣的事情時，其實心裡面是很戰戰兢兢的。該如何面對兒子，是我需要學習的一大部分，雖然今天我的身分是做調解委員會，但我更從中間學習到，等待和聆聽在愛裡面真的好重要。

小可：

「天下無不是的父母」這句話似乎也不完全正確了。很多時候，我們都太過放大孩子的缺點，而忘記欣賞他們的優點；真的要謝謝我的「神隊友」，在我最需要冷靜的時候，將我的時間按了暫停鍵，讓我可以冷靜思考，不要被自己的情緒綁架了；我想，關於真正的愛要怎麼給，我們都還需要學習。

我還記得有一次，中班的油油在洗澡的時候，在玻璃上寫了阿拉伯數字「2、3、4、5」，但是全部都是左右顛倒的。如果是在以前，我一定會氣得跺腳，但是在那當下，我居然說出：「油油妳好強喔！居然可以寫出鏡子中的數字耶。」我想這個就是改變。有時候，該放下的是父母親。讓我們一起去欣賞孩子吧！

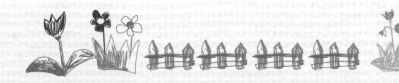

做我時間的主人

 事情是這樣的……

「拱拱，我想讓水水去上游泳課。」

「拱拱，你覺得水水是不是可以去學舞蹈啊？」

「今天教練說直排輪有一個競賽，水水要不要去參加啊？好像很不錯耶？」

感覺出來的嗎？天底下有一種「有空」，就是爸媽覺得你很「有空」！那天上完棒球課，一上車，水哥就丟給馬麻一大張簡介報名表，上面寫著：「課後體育選課」，上頭的選項琳瑯滿目，所有課程應有盡有。

於是，那張單子晚上就出現在我床頭邊……

「婆婆，這什麼？」我還以為是要約我出國的旅程選單勒。

「水水學校的，我跟你說，我覺得有幾個課程超棒的耶！我要幫他報名！」「你看，這有跆拳道耶！這樣可以防身還可以保護弟弟妹妹！」「還有這個，圍棋課，他很喜歡圍棋，一定要報名。」「哇！連游泳課都有耶！」「這個不行……時間剛好和其他的課程時間強碰……」「啊……平日晚上又有兩天要密集訓練棒球，哎呀時間都卡住了怎麼辦？」「可是

這個測驗一定要參加啊！」

　　明明就一個人翻著報名表，小可還是可以嘴裡唸唸有詞，看得很起勁！

　　「欸……你也給點意見嘛！運動耶……這應該是男人負責範圍耶！」我被瞪了一眼。

　　「我是覺得都很棒啦！運動嘛，很好啊！但婆婆啊，妳有沒有衡量一下水水目前的時間啊？那麼多課程他都負荷的了嗎？還有他都真的喜歡嗎？」我現在真的很擔心她一個興奮，就全幫水哥報名了！

　　「有些運動的培養當然需要興趣啦！但很多興趣也都是先強迫學習來的啊！你看，當初我找他玩西洋棋他也興趣缺缺，現在不但有興趣，還可以教我耶。」我正要開口，她又接著說：「而且小孩越小學東西越不辛苦，我當初就很想學芭蕾，就是因為我爸媽太尊重我了，我一放棄他們就帶我走，說不練就不練了，你知道我現在多後悔啊！」

　　沒錯，這番話告訴我們，這又是一個己所不欲，卻施於人的故事。

　　「妳還是問他一下啦！不要報名了他又不想去！」轉過身，我繼續按著遙控器。

　　「幹嘛啦！跟你討論一下，這個反對那個不要的，我是會操翻水水嗎？」沒想到小可反應比我還大，作生氣狀她倒頭就睡。

　　結果，那一整晚我們沒有繼續討論，也沒有後續的互動。雙方各持己見，頭也沒回地就睡了

薩提爾之神降臨

一直以來，我和小可也有過因為小孩的事在意見上有分歧點，可是，我就是覺得很奇怪，一直很會交換角色為孩子設想的小可，這次就是有種莫名的堅持，不知道是為了什麼。
如此罕見的情況，就更需要用比平常加倍的耐心來處理。重點是，對待孩子和大人的方式又必須不一樣……

　　在深思過後，我決定先不處理大的，而是先了解小的，因為我還是要先確認過水水的意願，說不定他也和小可一樣滿腔熱血，那這樣我到頭來又會變成壞人了。

　　於是，為了能跟水哥有個單獨的時間聊聊，我提早起床弄早餐。

　　「水水，馬麻有拿你學校的選課報名表給我看。你自己想參加哪些運動呢？」我一邊倒著牛奶，一邊問。

　　「很多啊！像棒球、直排輪、籃球這些，我都很想上！」水哥喝了一口牛奶。

　　「喔，這樣啊……那上課的時間你都看過了嗎？」我弄好了吐司，推到他面前。

「還沒～。」水水咬了一口吐司，草莓果醬還沾到他的嘴邊。

聽到水哥這樣說，我也比較敢表達意見了，畢竟……誰想做壞人？

「水水，在課程的後面有上課的時間；我覺得你可以自己來排排看，就像把拔馬麻安排工作的時間一樣。」雖然不知道他的意願多高，但是我希望他知道，每個人時間都是一樣的。

「蛤～～為什麼要我排？你們幫我排就好了啊！」又吃了一口吐司。

「因為～每個人都是自己時間的主人！」

感覺這個時候背景音樂應該要下「登！登！登！登！」，好襯托我說這句話的磅礡氣勢。水哥會睜大眼睛看著我，表現出一種一語驚醒夢中人的表情……

但，完全沒有，我又神遊了。水哥只是繼續低著頭，啃著吐司。我只好繼續：

「一天有24個小時，上課就佔去了半天的時間，扣除寫作業等等時間，其餘就是你自己安排運用的。既然報名了選課課程，當然就沒有辦法上了兩天課，發現很累就不去，對吧？又像是你已經報名了直排輪測速，總不能因為密集的訓練太累，就抱怨要放棄或生氣吧？所以把拔希望你可以自己思考過每一堂課的課程，然後在衡量自己是否有體力跟恆心去完成，然後再去做報名。」

「喔……」水水似乎開始有在聽了。

「當然也別因為害怕，或沒有信心，就什麼都不去做喔！想想看當初報名直排輪，你連在草皮上走都有困難，現在居然愛上直排輪，每個禮拜再累都要去。如果沒有當初第一步，現在決定沒有辦法享受小小的成果吧！」

「對啊！」說到直排輪，眼睛倒是張得很大。

「好啦！吃完早餐準備出門囉！」我說。

送完小的上課後，我整頓好心情，準備處理真正棘手的……小可。

「咦？起來啦～」我先發聲。

「嗯！」完全連臉都不轉。

「吃早餐了嗎？我去買……」

「謝謝你帶他們上課！」小可說。突然聽到這樣客套的話，我更害怕……

「又沒什麼，你可以多睡一會。」完了，在這樣見外下去我會沒詞的。

（………………………沉默………………………）

「我問水水了喔！」我用最陽光的笑容面對她。

「問什麼？」

「課後運動的課程啊！」

「喔！他怎麼說？」她的頭終於微微向我轉了 10 度吧。

「他說他也蠻想報名的～～」她又轉向我30度囉。

「我鼓勵他參加，所以他會自己來分配時間。」

很好！這次連身體都轉向我了。

「就是他來決定自己的時間，即使累了都要尊重自己的決定。」小可突然整身面對我，害我害羞了起來。

「嗯嗯，挺好的，那給他自己訓練一下！」小可說。

咦，不對，我以為小可會欣喜若狂地抱著我歡呼，結果，怎麼會？怎麼會這般冷靜……

「婆婆，妳覺得呢？」我只好再次確認。

「很好啊讓他自己學習安排時間。」

「婆婆我真的不懂，那天妳為什麼這麼生氣啊？不對……不對！是反應比較激動一點。」

「其實，我也一直在反省那天的自己，我之所以會那麼激動，那麼急

著想讓他報名，或許是因為小時候我都沒有堅持下去，所以很希望水水把握每一次的機會，才有可能會成功！」

這樣說話的小可，突然讓我覺得我針對這次事件的處理方式是對的。這才是我的小可！我成功了！

「婆婆，妳有沒有想過，當初如果妳把握每一次機會，把自己操到一個境界，現在可能人生就不是這樣了。然後我就遇不到妳了。嗚……」我打算使用哭肉記奪回女人心，接著又趕緊說道：「啊！對了，劉德華不是都說過：『成功，誰說的算！』是不是？」

「欵！你用我的男神來制我，很低級耶！」小可瞬間給我害羞起來！

「好啦好啦……我只想讓妳開心，事情沒有絕對的對或錯，可是時間是他的，就讓他決定吧！」

現在，抱著小可的我，或許才是最成功的。

阿Ben & 小可從礙到愛的Tips

阿Ben：

其實這件事情我還蠻感謝水水的，因為我從來不知道，一直很樂觀的小可，也會因為某一些情緒，或者是記憶中的事件，而影響到心情。我也學習到，有的時候我們處理的不只是孩子，更有可能是自己小小的心魔。

小可：

在很多時候，「等待」是很重要的，因為等待，我思考了問題癥結點是我自己；因為等待，水水可以有多一點時間想想自己真正的興趣在哪裡。有時候，放慢腳步，等一下也挺好的。

水哥最後還是有報名棒球課跟籃球喔！雖然有的時候上完課汗流浹背，兩個臉頰紅通通的，但是也從來沒有抱怨或喊累，總是有滿滿的成就感要分享給我們。孩子，要快樂地做你時間的主人喔！

我才不怕鼻子長

📎 事情是這樣的……

有了孩子後，小可越來越愛做菜。我還記得，好像是因為我婚後的一句話：「好想家裡有飯菜香喔！」之後，幾乎一星期至少三回香！

不過，從一星期三回，到最後與日俱增幾乎天天香，別說孩子吃膩了，就連阿可師在食材上也會卡關啊！煮來煮去就是那幾道，吃得心裡真苦啊！

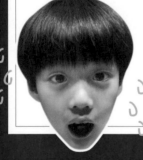

但是，不管寶寶心裡再怎麼苦，有一道菜我們夫妻倆非常堅持每兩天就非得出現一次，那就是：「綠色花椰菜」。

結果……

晚餐時，大家各自坐到自己的位子上，我依照順序夾菜給他們。很不巧的是，今天花椰菜全都「盛開」，水水的碗裡放了兩朵就快溢出來了，我轉頭看，發現油妹的臉也是超無奈。

不過一會兒，油妹吃完了，水哥的頭頂則像被一整片烏雲籠罩著一樣，愁雲慘霧。看到這個情形，我當然也沒好臉色，臉色一沉，便說：「快吃！尤其是花椰菜，全！部！吃！掉！」

哥哥低著頭，開始像羊一樣……喔不！是像大象用鼻子捲起一大把草往嘴裡塞一樣，硬是要把花椰菜用塞的塞進嘴裡。第一朵……順利完食；第二朵……有點驚險，但也下肚了；再來第三朵，不知道是累還是太害怕，在嘴裡嚼了老半天，還是沒有要吞下去的意思。然後，一個瞬間，水哥站了起來。

「你幹嘛？」我瞪著他。

「**我**……尿……尿……」然後水哥就跑去廁所。

聽到沖水聲後，水哥出來繼續坐在位子上，不到五分鐘，也吃完了最後的魔王花椰菜。

然而這時候，我就不得不承認，「母子連心」這件事真的是真實存在的。因為就當水水吃完飯要離開位子時，馬麻突然低著頭說：

「水水，你過來一下」。

「怎麼了馬麻？」

「你剛剛去廁所對嗎？」馬麻仍然維持低頭姿勢。

「對啊！」

「你尿尿了嗎？」

「……」水水突然之間感覺有點忐忑，我開始發覺案情不單純。

「用說的！回答馬麻，有還是沒有？」連我自己都懷疑，我娶的這位

到底是不是巫師？

「我……我尿一點點而已！」現在換水哥低下頭了。

「沒有就沒有！什麼叫一點點？」

我必須要說，如果你不認識這位女士，我說她有靈異體質你可能都相信。剛剛在餐桌上，她從頭到尾都任我處置孩子，結果就在要迎接圓滿結局時，突然「甦醒」過來攪局。而且，到底是發生什麼事？我剛剛錯過了什麼？這劇情發展也太曲折離奇吧？我有種從電影主角變成觀眾的感覺。

「到、底、有、沒、有、尿？」

「有、沒、有、尿？」

「有、沒、有？」

這咄咄逼人的樣子，要是不認識她，我一定手刀過去一把抱住我的孩子，逃走！

「沒有！」 水水終於說話了。

聽到水水的回答，我瞬間覺得一切凍結，而且不知道為什麼，一股熱從我的心裡燒起來，延伸到手、脖子，然後到頭頂上去。我的心突然抽了一下，本來還很驚訝到底發生什麼事，結果現在被這兩個字狠狠傷透了，原來電影主角剛剛根本被騙了，花椰菜大魔王根本沒有進到腸胃裡面去。

怒火中燒的感覺讓我幾乎失去理智，我用力地拍了桌子，氣憤地看著水水，但我知道自己其實是難過的，怎麼也沒想到水水會為這種事情「說謊」。

　　就像是瞬間浩克上身一樣，我用抽抽取式衛生紙一樣輕鬆的方式，一把抓起水水的手臂，半拖半拎再次帶他回到廁所。

　　「為什麼要騙人？」我咆哮。發狂的浩克沒有理智線的。這時水水早已嚇到大哭了。

　　「不准哭！撒謊憑什麼哭！」我用吼的想讓哭聲停止。

　　「嗚嗚～。」

　　「叫你不要哭，聽不懂啊！」

　　右手掌心熱得發燙，我再也憋不住，像火山爆發一般，舉起右手，一巴掌打了下去……

「爸爸，對不起！」

　　道歉的聲音響起。而這怯懦的聲音也讓我瞬間回神。

　　咦，是我在幻想嗎？看看眼前的水哥，臉上毫無淚痕，我剛剛是不是被自己的情緒帶走，完全沉浸在小劇場裡面了？而且現在，馬麻似乎已經搞定了這場說謊事件？

薩提爾之神降臨

從一開始發現水哥說謊，到後來自己因為太過生氣難過，所以完全進入神遊狀態，其實自己什麼事情都還沒做。但是，連罵都還沒有罵出口，是不是因為其實我根本不知道要怎麼面對水哥「說謊」這件事？或者是，其實我內心深處還是希望有別的做法？又或者是，當下的我因為發現水哥的作為不符合我的期待，所以我才如此生氣？生氣到靈魂出竅？

「婆婆（我是這樣叫小可的啦），妳罵完了？」回神後，我故作鎮定問她。

「罵？幹嘛罵他？」她不以為意。

「撒謊耶！很嚴重耶！為什麼不教訓他！」我滿頭問號，怎麼可能連罵都不罵？

「罵他是為了什麼啊？」馬麻反問我。

「做錯事啊！就要道歉啊！」怎樣？妳現在要當好人嗎？

「他剛剛不是跟你說對不起了嗎？」馬麻不急不徐地說。

「嗯……說是說了啦，但他到底知不知道做錯事啊？」我還是無法說

服自己。

「來來來！我來還原當時狀況給你看！」馬麻説。

（她怎麼知道我神遊？她怎麼知道我當時根本沒在聽？老婆跟我也心有靈犀嗎？）

「到、底、有、沒、有、尿？」

「有、沒、有、尿？」

「有、沒、有？」馬麻問。

「沒有！」水水一副快哭的樣子。

「那……為什麼要騙人呢？」馬麻不帶一點情緒，想讓孩子説出原因，一樣問了兩次後，水水説出來原因：「我不想吃菜（花椰菜）。」

「那關上廁所什麼事啊？」馬麻裝了一點點「笨」，繼續問水水。

「我……我……我把菜吐到馬桶！」結果，承受不了壓力，水水終於哭了出來。

「喔～原來如此啊！」

馬麻説當下她只看到一個重點，就是「孩子肯説實話了」。牽著水水的手，她説：「寶貝，老實説，多吃了那朵花椰菜，你也不會瞬間長得巨人高；不吃，你也不會縮小成嬰兒；但説謊，就是錯的。下次真的吃不

下，或吃飽了，『直接』告訴馬麻和把拔好嗎？」

「但是……不吃完你們就會生氣？」水水低著頭問。

「是啊，或許會生氣。但也請你想一想喔，一直以來你們用的方式都是哭鬧的方式，把拔和馬麻小時候也有不喜歡吃的東西，所以只要你們『說』出原因，我們還是可以用溝通的方式來達到平衡啊！」

水水突然睜大眼睛：「馬麻，妳也有不喜歡吃的東西喔？」

「當然啊！我以前超討厭吃紅蘿蔔的，但後來我發現它的好處很多，所以我也開始嘗試一點點點點，生吃馬麻還是沒辦法！」

「嗯，我知道了。以後我不會騙人，我會直接跟把拔馬麻說！」

「好了，但當下你是對著把拔說的謊，所以也請面對自己的錯，道歉吧！」

聽完，我下巴差點沒掉下來。原來，在我出神的過程中，發生過這麼多的事情。只能說好險剛剛浩克上身都是自己的幻想，不然孩子應該還是不了解「誠實」的重要，而我，也無法知道這吃菜的壓力，對水哥來說竟然是這麼大的一件事情。

或許，下次我們都應該為了愛而妥協一些。至少先練習「說」出來！現在在餐桌上，孩子所有的飯、菜都由他們自己選擇，只要不太誇張的偏食，有些菜不吃也沒這麼嚴重啦！

阿Ben & 小可從礙到愛的Tips

阿Ben：

「謊言」在我們大人的世界裡，好像是一種道德良心的脫序，可是在單純的孩子身上，似乎只是來保護自己的方法。雖不是一件好事，但我們好像更該知道謊言背後的原因，而說了謊之後要怎麼樣去解決、去負責、去道歉，才是孩子應該要學習的。與其怕而不做，不如去了解進而避免！

小可：

我相信任何父母親在遇到孩子第一次說謊時候，都沒有辦法接受。相對於動物，人類還可以用說謊的方式來保護自己，但謊言背後的真正想法是什麼呢？我會更想要讓孩子學習主動說出來，畢竟我們有語言可以「溝通」。

　　這三個孩子，他們還是偶爾撒一點小謊，例如：玩具誰弄壞的啊？誰先打誰的啊？他們多多少少還是會站在保護自己的立場，用謊言先cover著。只是在面對孩子的謊言時，我們父母在當下就算知道了，也千萬別當作是一個「先知者」，可以先裝笨裝傻，來誘導孩子說出真相。相信我，他們啊，通常問了兩次後，就會把真相全盤托出了。

你說什麼

📎 事情是這樣的……

一天下午，我們全家開著車在出發吃晚飯的路上。

後座的水哥、油妹、安弟邊吵邊鬧，又是唱歌又是玩文字接龍，一片和樂融融，大家心情都很愉快。

但是，有一種東西很奇妙，叫做「樂極生悲」，噢不是，是有一句成語，叫做「呆若木雞」。以前呢，我就把它當作一個很好笑的成語來背，但我壓根不知道自己某一天真的也會變成那隻雞。

因為，就在突然之間，後座傳來了一聲：「哇靠」。

當下我跟小可互看一眼，四顆眼睛瞪得超大。

水哥他他他……才小一耶。雖然說，我可能更小的時候就會說了，但是，這種事誰會希望青出於藍啊？！

就當小可準備轉頭要斥責水哥的時候，我先發制人，抓住了她的手，輕輕握了一下，小聲地說：「這次，讓我來吧！」

小可深深吸了一口氣，決定暫時退出這一局。

換、我、登、場！

還記得上一篇的（不要）．（不要）吧？如果沒有那次的經驗，我知道我現在處理的方式肯定一樣是發狠，就像是，我會⋯⋯

把車停在路邊，下了車打開後車門，用銳利的眼神一直看著罵出髒話的水哥。雖然怒火讓我沒有辦法再說話，但是看著我的眼神，他也知道自己已經做錯事了。

「你剛才說什麼？」我咬著牙問。

「沒有⋯⋯」水哥下意識地往車裡退。

「為什麼說靠？靠是你可以的說嗎？」我大聲怒罵。

「以後再讓我聽到這句話，你試試看，我一定把你牙齒都拔光⋯⋯」

以前的我，大概99.9%會這樣的做，說不定當下還會更生氣，一開車門我就把他拖下來，直接在馬路邊惡狠狠罵一頓，而且誰也都別想勸我。

但是呢，此時此刻，我不會囉，經過上次的「洗禮」之後，我決定重新更換掉我所有的武器，煥然一新地上場！

因為⋯⋯老師在教我有聽啦！

薩提爾之神降臨

後來，我們決定先吃完飯回家，不在路上處理這件事。雖然說，這件事情我本人並沒有覺得那麼嚴重，因為我講髒話的年紀可能更小哈哈。但是，重點是，身為老大的水哥，如果一個說錯話，那弟弟妹妹可能也會跟著學起來，這樣就真的很麻煩了。

不過呢，面對這種事，直接把孩子拉過來質問，小孩非但會不理解，還很有可能哭起來，這種時候，就是要拿出上輩子的修養，慢慢等待下一次小孩「犯錯」的時候……

某一天，晚餐過後，水哥跟弟弟妹妹正在玩陀螺。

「油油，這個組起來好強喔！」「哇靠！這個被打爆裂了，超強」

「哇靠！」

登！登！登！終於，還是被我等到了！

這有點好笑，因為聽到的當下，我居然有點興奮，那種感覺就像是，你已經學了很久的游泳，而且等不及要上場展現自己高超的泳技，心裡突然間會出現另外一個聲音，吶喊：「終於換你上場了！」我整個心跳加速。

「水水～你過來一下。」哇靠！我的語氣超級和善！

噢，對不起對不起！這純屬口誤。

我接著拿了張廢紙，寫下一個字的注音，問：

「你知道這個字怎麼唸嗎？」

「ㄎㄠˋ」

「那你知道這個字是什麼意思嗎？」

「不知道～」

我拿出國語字典，繼續問：「來！你查一下這個字。」

「喔……」水哥雖然一頭霧水，但還是開始翻字典。

「ㄎㄎㄎㄎ……ㄎㄠ……找到了！第 905 頁。」他成功查到單字，似乎也頗有成就感的。

「好，來！接下來，我唸給你聽。靠，ㄎㄠˋ，kao，非部，8＋7畫；靠，動詞，表示依賴，憑藉，接近，倚著。好的，這樣了解這個字的意思了嗎？」我說。

「嗯～但，把拔為什麼要教我這個字？」他拿著字典，來回翻閱。

「不是我要教你喔！是你說你了解這個字，但是你卻用在很奇怪的地方。」

聽到我這麼說，他動作瞬間停了下來，我知道我成功抓到他的注意力了。

「我？」他說。

「剛剛啊！就剛才你在玩的時候啊，你在靠前面加了個『哇』，但靠的意思是接近、依賴啊，所以……哇接近？哇依賴？沒有人這樣說啊！」

他一臉疑惑，我知道我可以繼續趁勝追擊了。

「所以我才問你啊，知不知道這個字的意思？」「我在想啊……會不會你要說的是『哇賽』、『哇猴鰓雷』之類的啊？」我說。

「蛤？什麼猴鰓雷？哈哈哈！」他像被點了笑穴一樣。

「就是很厲害的意思啊！哇猴鰓雷！這樣用才對嘛！」我可以很肯定，我完全成功給他新的學習方向，興奮地在心中放了幾次煙火！

「嘿！婆婆，我是不是完全青出於藍更勝於藍啊？」

結束了這次的事件之後，我深刻感覺到，順著孩子的「好奇心」來解決事情，真的是最有效率的！而且，有時候，如果還不確定自己該怎麼處理當下的情況時，也不一定要逼自己「當下處理」（當然有些狀況例外），最重要的是「抓對情境」，甚至是「創造情境」，這樣不僅可以幫助孩子理解問題，爸爸媽媽們也更能緩和自己的情緒哦！

阿Ben & 小可從**礙**到**愛**的Tips

小可：

這次Ben的處理方式真的讓我刮目相看！好啦！你真的青出於藍更勝於藍哦！不過，我還是要提醒爸爸媽媽們，孩子有的時候在說話以及文字上的「特別」表達，真的不需要要有太大的反應，反應越大他們就會覺得越刺激。因此，不管是哪一方，先放輕鬆就是最重要的。

我想，接下來我們可能會遇到更大的「文字衝擊」，但也挺好的，就當作是增加國文造詣囉！這個字我也查好了～分享給你們～請享用！

幹 ㄍㄢˋ [gan]

干部。3＋10畫

名詞 軀體，樹的莖，才能，主要部分
動詞 做事　**形容詞** 善於辦事的
還有破音字唸 ㄏㄢˊ [han]

兒童節快樂

 事情是這樣的……

「兒童節」是一個我曾經超級喜歡，現在卻有些恐懼的節日。

為什麼呢？因為還是小孩的時候，有各式各樣的禮物可以收，現在長大了，沒得收，還得送，而且一次要送三份！更恐怖的是，上學後，學校也會送禮物，一次拿到兩份禮物的他們，就會更加期待下一次的兒童節，沒錯，這就是一個可怕的惡性循環。

但是，想忽視這天是沒辦法的，因為日曆上頭就寫著「兒童節」，一個真真正正屬於他們的日子……

某一天晚上，我正好在簽油妹的聯絡簿。

基本上，我都是牽個「白」就了事（只簽姓名應該是行規？），誰知道今天聯絡簿上夾了一張黃色的A4紙，上面刺眼地寫著：「兒童節活動邀請函」。

基本上，幼兒園都還蠻喜歡辦一些親子活動，我也覺得挺不錯的，

可以多少促進親子之間的關係，家長們相互之間也可以有一些互動，所以呢，在我確認過當天沒有任何工作之下，我洋洋灑灑勾下「確認出席」，人數兩位。

可是……人算不如天算，突如其來飛進一份工作無法推掉，日期又剛好在兒童節活動這天。偏偏工作還得夫妻一起，那本來答應好要去現在該怎麼辦？

「婆婆，這禮拜油油在學校的兒童節活動，我們沒辦法參加了……」我說。「那怎麼辦？她一定超失望。」小可回。

「沒關係～等她下課回來，就說我們因為工作沒辦法去，但是會買個禮物給她，彌補一下。」

小可皺了一下眉頭，感覺不太認同我的做法。

「唉唷，中班而已，應該沒有什麼關係吧？」我回。「我回來問問看她，然後好好想想，該怎麼做比較好。」小可陷入一陣思考。

到了隔天晚上，小可主動和我說：「搞定了！兒童節活動那天我請假了。」小可邊敷著面膜。

「請假了？什麼意思？誰請假？我們？」

我不解，轉頭看了她一下。

「我幫油油請假了！反正活動當天我們也去不了，所以……我、請、假、了！」小可完全一個義正嚴詞耶。

「婆婆，這有點本末倒置喔！孩子上學很重要，怎麼能動不動就請假？他們會認為以後只要有什麼事情都可以不用上學了，怎麼辦？」我立馬坐正起來。

「拱拱，你先不要激動……在我解釋我的決定之前，我倒想先聽聽看如果是你，你會怎麼做呢？」小可完全從容的態度，讓我覺得自己很神經質。

不過，被小可這樣一問，我確實也愣了一下。老實說，我也沒有想好實際上我要如何處理這件事情。可是！現在如果不給個回應，就會很像我什麼都沒準備，完全弱掉，不行！

「我當然一樣會讓她去上課啊！只是在活動的前一個晚上，我就會先給她一份禮物，然後溫柔又有點自責地說：『寶貝，請原諒把拔馬麻因為工作不能去參加這麼重要的活動，為了彌補妳，這份禮物希望妳喜歡，希望明天妳一樣開開心心的去兒童節活動。』然後在她的額頭親一下……」

請大家拍手！非常完美！我說完這一段話，還能夠如此臨危不亂，真的98分不能再高了！

「了解！這樣子一來，油油就可以得到禮物，然後她就會很開心……就算父母親不參加活動，也沒什麼大不了，是這樣嗎？」她用雙手輕拍著面膜。咦，怎樣，是在辯論嗎？我還以為我現在在模擬聯合國辯論親子議題！

「至少，在這個當下我有想辦法要把事情給解決，而且彌補她啊！兒童節本來就是要讓兒童快樂的！」我感覺到整個氛圍不太一樣了。

「那～，我想油油接下來的日子，應該就會希望父母親不要參加所有的活動，因為如果你來了，就沒有辦法拿到禮物；與其這樣，不如你們都不要來也不錯！只是這樣就會有點可惜，不是嗎？因為在油油成長的回憶裡，就沒有父母親囉！」要不是面膜擋著她的臉，以她說話的口氣，如果再搭上一個不屑的表情，我真的會一巴掌……撕去她的面膜！

「這，這是什麼定論啊？我可沒說我以後都不參加啊！而且，我不會讓我的孩子以為，我們是用禮物交換來的！父母親的價值是沒有辦法用禮物來衡量的！」我這樣回，小可應該沒話說了吧？

「可是，你已經用禮物來交換囉！」反方繼續駁回。

這太可怕了……我眼前的這位女子……到底是誰……！？

「拱拱，我只想確定一件事情，孩子原本期待父母親到來，但是你卻用禮物來交換她的期待，沒錯吧？也就是說，父母的價值，也是你自己先拿禮物出來衡量的，沒錯吧？」小可說。

「孩子的回憶將只有各種禮物的存在，只要看到的禮物，就想到那一天活動開心的心情，卻不是因為想到爸媽，心裡面才有這樣的快樂！唉～太可悲了！」那表情和動作，她真的是完全把大學所長，發揮得淋漓盡致！

「Stop! Stop! Stop!」我當下真的心裡一股恨，為什麼讀書的時候沒有參加辯論社！

「好啦，看你氣的。不要那麼激動啦！其實是因為我打電話問了園長，才決定這麼做的。」小可一副安慰輸家的感覺。

薩提爾之神降臨

小可怎麼這麼有自信？是我把解決辦法想得太簡單了嗎？怎麼買禮物給他們這件事，彷彿瞬間變成一個很糟糕的方案？難道，他們需要的不是這個？

比起禮物，他們會更想擁有的東西還有什麼……

　　「下午我特地打了通電話過去。首先，我先跟老師說明我們因為工作，沒有辦法參加，請老師體諒。再來，我詢問了當天活動的內容，大致了解了活動幾乎都是以互動為主，這是就是讓我決定請假的關鍵。」小可清楚地說明給我聽。

　　「關鍵？」而我有聽沒有懂。

　　「對啊！你也不想想，油油和你一樣獅子座耶，那麼要面子。或許他們同學之間都分享了誰誰誰家人會來，結果我們不但沒去，連互動遊戲他都沒人陪。拱拱，我真的不敢想像她的表情會有多失落耶！」我聽著，突然覺得自己用禮物就想打發的心態太可笑了！

　　「我懂了！恍然大悟！明白了！」我激動地說出口。

然後，好險，我剛剛沉住氣沒撕掉她的面膜。

總之，我們後來真的請了假，還直接殺到宜蘭。這三天兩夜的假期，當然是因為「兒童節」而特別安排的，反過來呢，兒童節禮物也滿足了他們。

最後回到家裡後，像以前一樣，他們拿了畫筆白紙，畫出這次旅程最深刻的記憶。

畫紙上，沒有玩具、沒有遊樂器材，也沒有游泳池。

在圖畫中，只有五個人，這五個人形影不離，沒有距離，一路開車過去，開車回來，然後一起在車子裡，吃著零食聊天，吵鬧開心地大笑、看風景。

這些透過孩子的手，全都被畫在紙上，一筆一筆地刻成一段回憶，存留在孩子的記憶裡。

那是再好的禮物都無法交換的。

孩子們，兒童節快樂！

硬要插花

我去丫么家去完6天5路的公務工5。

IT'S TIME TO BE A HERO!

122

阿Ben & 小可從礙到愛的Tips

阿Ben：

現在長大回想起來，「兒童節」到底是什麼，好像也不是那麼清楚了。或許，就是因為這些回憶沒有被深刻地記憶著，所以也沒有那麼多感動。沒想到，這次的兒童節，讓我真正明白孩子要的禮物其實很簡單。更謝謝他們送我們的圖畫，那才是最珍貴的「兒童節禮物」。

小可：

其實三個孩子就有三種不一樣的個性。遇到事情發生時，我也常常要轉換頻道來模擬他們的心情。雖然麻煩的要命，但真的挺有用的！大人啊，就是太把孩子當作孩子了，忘了他們是個體，也各自有不一樣的心思。別忘了，兒童節我們以前也過過，先「換頻」一下，模擬自己當兒童時的心吧。

不過老實說，這個事件，其實真的很要謝謝學校方面給我們的建議；若不是老師也對孩子很了解，我們可能會因小小的疏失，或者自以為是，拉開了彼此的距離！謝謝神隊友，以及無所不在的你們。

我老大耶～

 ## 事情是這樣的……

「馬麻，肚子裡的妹妹什麼時候會出來跟我玩啊？」

「馬麻，底迪也會乖乖的嗎？那他出來我要拿我的玩具給他玩！」

手足，是我們一直期待的，所以老二妹妹在肚子的時候，我們就不斷地灌輸哥哥這個觀念：「這是你的妹妹耶！」就是為了讓他有一份參與感。在妹妹出生的時候，也準備了一份「妹妹送哥哥的禮物」，底迪出生時也比照辦理！而且，有做功課還是有差，這一出生後，哥哥對他們的愛可以說是完全宣洩，如滔滔江水那樣流啊！

BUT，牙齒都會咬到舌頭，這吵架戲碼也始終會上演……

「哥哥，我們出門工作囉！家裡面麻煩你！」
「如果弟弟妹妹不聽話，麻煩你幫我們管教，好嗎？」

那個假日，因為我們要一起出門工作，所以3個孩子就麻煩爺爺稍微顧一下。不過，雖然有家人陪著，自己不在小孩身邊心裡面還是有些緊張，不知道這三個人在家裡會不會把爺爺氣炸。

結果，三、四個小時過後，才剛停好車，還沒進家門，就聽到嘶吼尖叫聲！

這這這……是什麼防空警報嗎？我彷彿聽到心裡警鈴大作，暗示我大事不妙啦。

我和爸爸立馬手刀衝到客廳，果不其然……這次的罪魁禍首一樣是「玩具」。水哥拿著車子，然後油妹也要看，不妥協的水哥緊緊抱著它，可想而知他妹就開始又尖叫又崩潰地痛哭。

結果，我還沒來得及向前制止，一旁就冷不防地冒出了一句：「水水……你是哥哥，要讓妹妹啊！」

瞬間，油妹像得到了免死金牌一般，刷地一下把哥哥的玩具硬搶過來，然後這下換水哥崩潰了……

我心想，這什麼情形啊？如果你是家中排行老大，就一定能體會「你是哥哥（姊姊）啊！要讓弟弟（妹妹）～」這句話有！**多！可！恨！**

你說說看！老大先出生有錯嗎？有錯嗎？（讓我重覆一百次）早知道這樣，當時就用手死撐著子宮頸，我他X的打死也不先出來（咳～不好意思，我是老大所以有點失控）。

沒錯，我的老爸，孩子的爺爺，一不小心說出了這樣的話，而我在旁邊，瞬間一陣背脊發涼，因為這不是我們教孩子的方式啊！很有可能就因為這句話，我們前面做的努力都毀於一旦。

薩提爾之神降臨

水哥會不會因為這樣，而不愛他的弟弟妹妹，
甚至討厭「老大」這個位置？
孩子的歲數是決定成熟度，而不是決定玩具
的先後順序。如果每次都用「你是哥哥啊，
要……」這句話來約束的話，那它對水水來
說，就一定是一種壓迫，這句話也會變成一個
可怕的公式，一個答案只有無解的公式。
於是，我決定先發制人……

我緩緩走到門口，用像是粉絲看演唱會時大叫「我愛你」的音量，
喊：

「我們回來了！」

耶史！我成功得到他們的目光，當然，此舉也被我老公瞪了一下。
「有事嗎，叫那麼大聲幹嘛？」我沒回，給老公使了個眼色，但很顯然他
根本沒接收到訊息。

不過，無所謂，孩子們仍然像蜜蜂一樣撲過來，只有水哥還默默坐在
玩具櫃旁邊，理都不理我。我知道他還需要時間，但他現在使出這個「以
退為進」這技巧，真是高招。

擁抱完底迪妹妹後，我若無其事地走到水哥身旁蹲了下來，對他說：

「怎麼啦懊嘟嘟（氣嘟嘟、臉臭臭）的臉。」

（此時無聲勝有聲，這是第二高招。）

「和底迪妹妹吵架了嗎？」我繼續瞎猜。

「不是安安（底迪）啦！是油油（妹妹）硬要搶我的玩具。」他說。

好的，至少給我個開頭，讓我好繼續辦案。

「油油，請你過來一下！」我說。在所有關係裡面，最忌諱的就是以大壓小，所以我相當禮貌地用了「請」字。

「馬麻怎麼惹？」油妹一副天真無邪的模樣。

「妳知道哥哥怎麼了嗎？」油油突然之間收起笑容，不講話了！

「是妳跟哥哥吵架了嗎？」我問。

水哥在這個時候立馬回話：「是她啦！她搶我的玩具。」我看了水哥一下，示意他讓先別告狀，媽媽來處理。但他也是百分之百……不懂。

「油油請問這個玩具是誰的呢？」

「哥哥的。」油油說。

「那請問這個玩具是誰先玩的呢？」

「哥哥……」

「所以～妳是因為很想玩，才從哥哥手上搶過來的嗎？」

「不是！是爺爺說叫哥哥讓我的！」這下回答速度之快勒！

我頭慢慢地向後轉了約50度，儘可能地使用和緩的眼神，看了一下我的父親。而他那尷尬的笑容，讓我知道他明白這轉身是什麼意思！

天啊！我父親他懂我耶！這才是父女連心啊！

好，在我感慨這「連結」怎麼沒有傳到下一代時，我迅速回歸正題，再次轉回過頭。我面對著眼前這兩個可愛又迷人的反派角色，說：

「水水，沒有人叫你一定要讓妹妹；沒有人說你年紀比較大就一定要讓小的；這是你的玩具，本來就應該尊重你。但是，我想請問你，在家裡面妹妹的玩具有很多嗎？」

「沒有。」

「是不是大部分都是你的玩具？」

「嗯……」

「所以妹妹只能玩你的玩具，對嗎？」

「對啊！」

「那如果你沒有辦法跟妹妹一起分享，我只好買女生的玩具給她，她就有新玩具囉！」

然後哥哥突然睜大眼睛看我，說：「沒關係我讓妹妹玩！」賓果！好的，解決了一個，接下來換妹妹。

　　「油油，玩具既然是哥哥的，也是哥哥先拿到的，那麼妳可以等哥哥玩完，再跟他說妳想玩嗎？」我停頓了一下，接著說：

　　「等待是很重要的，如果妳在玩玩具，人家一把從妳手上搶走娃娃，妳一定很難過，對吧？」

　　油妹張著一雙大眼睛，好像要哭了，我趕緊補充：

　　「別哭！媽媽只是希望妳可以想一想，如果妳會不開心的話，哥哥也會！」

　　「嗯……我知道！」個性比較強的油妹似乎明白了，接著對水哥說：「哥哥，玩具還給你！」而水哥似乎有點受寵若驚地接回了玩具。

　　「好了～那現在你們兩個可以抱在一起，然後看著對方的眼睛說『我愛你』了！」我開心地說。

　　「蛤～？」兩人異口同聲，可真團結，最後抱不到一分鐘，我們全部又笑成一團。

　　最後，你以為事情結束了嗎？不，這案子還有一些後續必須「了結」。

　　「老爸，我可以進來嗎？」

「喔⋯⋯可以呀！」我的父親正坐在床邊，我面對著他，在床旁的沙發坐了下來。

「老爸，其實我一直都不覺得老大應該要讓小的耶！很多老大，都覺得弟弟妹妹是來搶他原有的一切，像是玩具、關心，還有父母的愛。所以，我一直跟水水說：『妹妹有時候都不聽我的話耶，只聽哥哥的。』我不希望哥哥有一天討厭做『老大』。如果沒有任何人來剝奪原本屬於老大的一切，老大就會得到更多更多的權利和愛！」我認真地說。

「好啦！我一時心直口快啦！」老爸低著頭裝忙滑手機。

「他們都和好了！沒事了！」我起身環抱住我父親，然後說：「老爸謝謝您幫我看小朋友，謝謝啊！」我在他的額頭親一下，然後就出去了。

這件事情似乎就這樣圓滿解決了，而水水確實也很有老大樣，我們不在時，他永遠主動升等到小爸爸的職位。但有一天，他突然丟出一句：「馬麻，其實我不喜歡當老大。」我驚了一下，很訝異地問他為什麼。

「我真的管他們管得很累耶！」他嘆了一口氣。

老大，你知道嗎，你有時候也是一樣很難伺候啦。

阿Ben & 小可從疑到愛的Tips

阿Ben：

因為我自己是排行老二，所以也沒有感覺到老大會有這麼大的壓力。小的時候也沒人跟我這樣說，或是聽到別人對我這樣說。這次，經由水水這件事，我更能確定一點：「孩子是不能夠選擇他們的出生順序的，但我們可以選擇的是給他們平等的愛」當老大應該是沒錯的吧？！現在真想抱抱我姊姊！

小可：

所有父母對老大的愛，幾乎在有了弟弟妹妹之後，就會慢慢被分散開。或許這是事實，但我只想要孩子知道，老大擁有的權益和享受的優先權，是不會改變的！與其讓父母親來愛弟弟妹妹，不如我們更愛老大一些，讓老大幫我們更愛「他的」弟弟妹妹～。

其實，我覺得有時候親子教育更要有上一代的參與，像是有公婆或者是父母親在的時候，怎麼樣「好言相勸」，讓教導一致和諧，似乎是更大的學問。這段教養觀點和薩提爾基本的溝通理論，我認為在上下一代都是適用的。

自我意識

 事情是這樣的……

「起床囉！來～油油，今天穿這件。」我說。「馬麻我不要穿褲子，我要穿另外一件公主的衣服嘛。」油妹開始鬧彆扭。

約莫從3歲半開始，油妹就開始想要自己選擇想穿的衣服，還要自己做搭配。這個嘛，我是沒有意見，有的時候，穿的也都還OK，但是，有時候的穿搭，我寧可不出門……

「馬麻，我要穿這一件。」油妹拿了一件厚長袖。

「油油，可是今天天氣很熱耶！穿這樣會一直、一直流汗喔！」就明明換季了，油妹到底是哪裡挖出來這件保暖冬衣的啦。

「我不管啦，我就是要穿這個！我就是要！」

這個時期，油妹還沒有開始去上課，所以大部分時候，她可以穿（她覺得）好看的衣服出門，而且大多就是接哥哥下課的時候。

她每次都精心打扮，今天更穿得像是要相親的感覺，幾乎把所有家當都穿在身上了。看她這樣滿心愉悅，好，我這做媽媽的，別說我藏私，容我為您好好介紹一下……

💗 頭上戴了個粉紅色的皇冠

💗 耳朵上是藍色水晶的夾式耳環

💗 一件粉紅色的連身裙，下擺有帶一點蕾絲

💗 （她堅持再穿一件）無嘴貓的厚長袖T-shirt

💗 下半身穿的是芭蕾舞者的粉色絲襪

💗 最後加上了一個閃亮亮的露趾銀色涼鞋

當然，被絲襪擋住了所以無法露趾。來吧！閉上眼睛我們一起想像一下，她整個人，就是一個迷你粉紅色，底部綁著鉛塊的小氣球！

「油油，可不可以不要這樣穿出門，真的太熱了！」我再次禁止。

「我要！我要！我要這樣去接哥哥嘛！這樣哥哥看到我會覺得我超漂亮的。」油妹說。（我心想……也許吧？但別人看到妳這樣，會覺得超級恐怖的哦～）

然而，就在我極力地阻止油妹的時候，Ben冷不防地來了一句：「我覺得這樣很好啊！」我慢慢回頭，眼神死地看了他一眼。心想，現在是在火上加油嗎？而Ben也相當聰明，迴避了我的眼神，應該知道這個讚美來的不是時候，趕緊補上一句：「但我覺得還是要聽馬麻的啦～因為外面真的太熱了。」

結果呢，聽到爸爸媽媽都反對，油妹就坐在地上大哭起來了。「好了，不管了！我要去接哥哥，你要穿這樣就在家好了，不用去了。」我說。於是，這個粉紅色的氣球……，不是，是整身粉色的油妹，被我遺棄在家。那天之後，每次出門接哥哥，她都不會那麼積極要跟去了。或許……是在跟我嘔氣吧？獅子座女孩很要面子的。

而我怎麼都沒想到，與其這樣爭論，不如讓她自己去感受。

薩提爾之神降臨

油妹開始有意識地「做選擇」了，雖然只是小小的選擇，但是這代表，油妹已經開始藉由這些選擇，表達自己的喜好，並且想要透過這些選擇，來達到某些自己的「期望」，也就是讓哥哥覺得她穿得很漂亮。

但是，這些選擇的好與壞，某程度上也是需要父母親去「稍微介入」的，畢竟，孩子嘛，總是要讓他們好好感受每個決定，下一次才會做出「更好的」的選擇……

幾天後。

「油油，妳要不要跟我出去接哥哥啊？」我說，而且覺得有種小情侶吵架求和好的感覺。

「好啊～可是，馬麻我可以自己選衣服嗎？」這獅子座的脾氣，來得快去得也快，完全沒事了。

「去啊！想穿什麼自己選。」我回。心裡竊喜上次的事件似乎沒有給油妹留下太大的陰影。

過了10幾分鐘，油妹抱著幾件衣服出現了，對我說：「馬麻可以幫我穿嗎？」我鬆了一口氣，還好這幾件衣服都是夏天的。

「可以啊～」

然而，當我一件一件拿出來穿在油妹身上，便深深覺得，這樣的配色，堪稱走在潮流尖端，我心裡感到「佩服」。嗯？不相信嗎？來，讓我們再次令想像力奔馳吧！

- 🖤 黃色的上衣
- 🖤 藍色的澎澎牛仔短褲
- 🖤 綠色的及膝襪
- 🖤 粉色的鴨舌帽
- **🖤 一副桃紅點點的墨鏡**
- 🖤 最後配上銀色、依然會露趾的涼鞋

閉上眼睛，讓我們拿出塵封已久的畫筆，畫好了嗎？好，睜開眼睛，你是不是看到一道彩虹！

「馬麻走吧！」油妹整個容光煥發，我也好愛她的自信。
「好！」我拉起油妹的手，一同出門。

你以為事情圓滿落幕了嗎？不，在途中，油妹突然對我說：「馬麻我可以去買一個喝的給哥哥嗎？」她突然這樣要求。要是以前，我無論如何都不可能讓她下車，但這次，她絕對可以下車，讓世人感受一下「彩虹」的威力。

結帳的時候，就真的有一位阿姨，一看到油妹，便說：「妹妹妳穿得好酷喔！這麼多顏色，妳一定很喜歡彩虹齁！」我掐著自己的大腿，對自己吶喊：**絕對不能笑、不能笑！**

被誇獎還是有點害羞的油妹，上車之後就問：

「馬麻，那個阿姨剛剛說我像彩虹，什麼意思啊？」

「……就是很漂亮的意思啊！」油妹大大的眼珠轉了轉，也不知道在想些什麼。

但是，很神奇的是，從那天開始，她再也沒有堅持一定要穿自己搭配的衣服了。

現在，我還是讓她自己搭，我喜歡她興高采烈地拿出自己喜歡的衣服，穿上後覺得滿意無比的樣子。

雖說，油妹還是會加一句：「馬麻～～妳覺得我這樣穿好看嗎？」但是只要我說：「很好看啊～但是鞋子如果換球鞋更好。」

她，就會立刻去換了。

就這樣，我們說的話，油妹願意聽了，只是說的方式可能稍微有些不同。例如說，她還是偶爾會在體育課，選一雙歐傻的公主高跟鞋，但放學後她就會主動跟我說：「馬麻，以後體育課不能穿這雙鞋了。」

又像是，最近她突然說要剪頭髮，原本把拔很堅持女孩留長髮，因為很可愛，但在我再三確認後，最後還是尊重她的意見，一刀剪了！沒想到，新髮型大獲好評，油妹自己也非常喜歡！

或許，有的時候，我們都應該放手，讓孩子聽到真正的聲音。而那個真正的聲音，或許就是幫助孩子成長的關鍵。

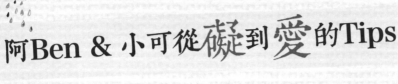

阿Ben & 小可從礙到愛的Tips

阿Ben：

星座好像真的可以看出孩子個性上的蛛絲馬跡，像獅子座的油油，完全吃軟不吃硬啊！這代表我現在要好好開始研究星座了嗎？

小可：

有的時候，我們一直反對孩子的意見，可是卻又希望孩子獨立，如此矛盾的手法，非常有可能成了他們人生中最大的絆腳石。所以呢，在還是可以保護他們的狀況之下，我選擇把這顆石頭變成「墊腳石」，助他們一臂之力。相對的，在他們站上去之前，我也會幫助他們做好心理準備，因為……摔下來可能會更痛。總之，孩子有想法並不一定是壞事啊，最重要的是父母親要懂得同理，這才能夠開啟孩子們的想像力之窗！

有天，我突然懷念起那道「人造彩虹」，於是跟孩子們說：「今天出門，你們自己到房間去選衣服吧！」大人啊！千萬不能磨滅孩子的無限創意！雖然那天到最後沒有出現彩虹，不過這三個孩子倒是打造了人工「黃綠紅」。 很好，這下走在路上安全多了。你呢？也放手讓孩子自己來試一次吧！

>>>> 小可說 >>>>

睡前不先說晚安

 事情是這樣的……

聽過有一首歌是這樣唱的嗎？

「寶寶睡～寶寶睡～你不睡你媽崩潰～寶寶睡～寶寶睡～再不睡就巴蕊！」是的，這首流傳千古的童謠，就是這樣唱的（是嗎？）它道盡了深宮怨懟，還道盡了夜深人靜後，崩潰邊緣媽媽的心聲……

每天晚上睡覺的時候，我都是幫他們蓋好被子，關上了燈，然後就準備離開，說晚安的起手式基本上都是：

「快點睡喔！不然明天又叫不起來囉！」

這個時候，你就會聽到小角落傳來：

「馬麻～妳可以陪我們睡一下嗎？」現在自己睡的水哥油妹常常撒嬌，希望我能陪他們一下。

「睡覺就閉眼睛睡啦！幹嘛要陪。快點被子蓋好，我要關燈了。」好啦，我真的不是不願意陪，只是媽媽們一定都懂，在孩子睡了之後，我們才有真正屬於自己的時間。

而通常這寶貴的時間，還得做家事、洗衣服，以及檢查明天孩子們上課的物品……當然，還有追劇！無論如何，只有等到孩子入睡，才會有所謂為娘的黃金時間。

接下來，有一天，我去參加油油幼兒園的活動。

「馬麻，這是我最好的朋友，我跟妳說過。」

「這是我們的英文老師！」

「馬麻，我上次跟妳說過我用杯子做的勞作。」

「…………………………」

「馬麻，妳怎麼了？」

天啊，我的心好沉重！油油真的跟我說過這些嗎？為什麼我都沒有印象？怎麼會這樣？現在看著油油興高采烈地跟我談著她在幼兒園發生的事，我心裡糾成一團。

突然，腦海中閃過了那天在節目上才討論過的主題：「親子談心」。原來不是我忘記了孩子說的話，而是，她滿腔熱血在跟我分享的時候，我幾乎沒有認真在聽。

可是，我到底都在忙什麼啊？會不會有一天孩子畢業了，我都不知道？

會不會有一天我真的跑錯學校接孩子呢？會不會……

薩提爾之神降臨

我是不是應該空出一段時間跟他們好好地聊聊天、說說話呢？

而且，我是不是在孩子說話的當下，並沒有真的把「耳朵」打開，只是想要讓孩子趕緊把話說完，上床睡覺？殊不知，要進入孩子們的世界，我們始終也得先把自己的「心」打開，對彼此都充滿好奇。

某一天……

「小朋友準備睡覺囉～今天馬麻會陪你們睡一下！」我話還沒説完……

「耶！」水哥先跳了起來。

「耶！怎麼那麼好！我要跟馬麻睡！」

「太棒了！太棒了！」

這兄妹倆的反應浮誇到我心裡竊笑了一下。

我們一字排開，我睡在兩個人中間，一人牽著我一隻手。

「馬麻，為什麼妳今天可以跟我們睡啊！」油妹摳著我的光療指甲（驚！）

「因為我想要跟你們聊聊天啊～馬麻問你們喔，今天你們在學校裡面最開心的事情是什麼？」我問。

「我最開心的事情就是，今天下午我跟班上的同學在操場玩。」水哥把我的手移到他的脖子後頭。

「是你認識的新同學嗎？」

「對啊！他坐在我前面。」

雖然燈光微暗，但我還是可以看到水哥在跟我分享的時候，他臉上開心的表情。

「那有沒有什麼不開心，或者是需要把拔馬麻幫忙的事情呢？」我繼續問。

「沒有～我今天都蠻開心的。」水哥轉過身來抱著我。

「那油油呢？今天在學校有沒有開心的事情要跟我分享？」我牽起了油妹的手，因為再繼續這樣下去，我指甲就要被摳翻了。

「我今天在學校開心的就是～下午的點心我很喜歡。」油妹果然是小吃貨。

「那有沒有不開心的事情呢？」

「沒有！」好，我其實也鬆了一口氣。

「水水油油，我們做一個約定好不好？以後睡覺前，我們都要先問對方開心跟不開心的事情，還有有沒有需要把拔馬麻幫助的事情，好嗎？」我雙手摟著他們的脖子，很像……美式足球的動作。

「好啊好啊！」兩兄妹一樣地開心。

「那馬麻你今天最開心的事情是什麼啊？」

「我今天最開心的事情，就是我知道你們開心什麼，不開心什麼了！」我驕傲地笑了一下。

「蛤？」雖然他們的反應有點不是我要的，但我還是稍稍用力地抱了他們一下。

「馬麻，那你今天不開心的事情是什麼？」油油接著問。

「不開心的事情啊，我全部都丟掉了！」

從那天開始，每天晚上睡前，我們都會來個小小的親子談心，而且在這個過程中，持續關注著孩子們的表情、表達方式，以及肢體語言。

同時，也先不要急著問孩子「你怎麼不……呢？」因為孩子在抒發的當下，並不是引導溝通最恰當的時機。

後來，有一次，睡前我們一樣躺在床上，聊著開心和不開心的事。

「馬麻，妳今天最不開心的事情是什麼？」油妹問我。

結果，我還沒回答，就聽到旁邊有個聲音說：「一定是我今天不聽話～。」

　　當下我雖然有聽到了，仍故意說：「沒有！因為我把不開心的事情丟掉了！」

　　說完沒多久，水哥自己又補了一句：「呼！好險！」

　　不過，雖然我故意不說，其實我是希望哥哥自己說出來，於是我問：「水水，為什麼你說是你讓我不開心的呢？」

　　「因為我今天沒有控制好自己的脾氣……」他說。

　　「喔……那水水你再問我一次，我今天最開心的事情是什麼？」

　　「馬麻你今天最開心的事情是什麼？」

　　「我今天最開心的事情就是，水水知道自己哪裡做得不夠好，勇敢承認。相信下次他一定會知道怎麼樣控制自己的脾氣。對嗎？」

　　「對～」水哥最後給我這樣肯定的眼神。

　　「晚安小朋友～」

　　「晚安馬麻～」這是完美又美好的一回合。

　　你呢？你有多久沒跟自己的孩子好好說說話？擇日不如撞日，就趁今晚吧！我們睡前先不說晚安，好嗎？

也要來一腳

水哥畫作

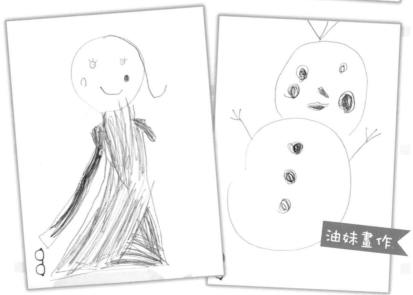

油妹畫作

阿Ben & 小可從凝到愛的Tips

阿Ben：

我從來沒有想過在睡前這樣的小互動這麼重要，從前都是把他們趕上床，讓他們自己睡。所以，當小可跟我討論説她堅持要這麼做的時候，我真的覺得有必要嗎？不過，現在不僅我們問孩子，有的時候他們觀察到我們心情不好，反而還會變成他們主動關心我們耶！這才是最珍貴的。

小可：

以前我真的好在乎孩子睡覺以後這段屬於我自己的時間。現在，我反而更珍惜睡覺前的時候；這一段短短只有五到十分鐘的對話，讓我感受到，即便現在有三個孩子的我，仍然和三個孩子的距離很近！有時候，我們五個人躺在一塊，也會在睡前的這個小時，説出真正的內心話。而且，不只可以對孩子説，更可以對另一半説，夫妻之間的關係也會更近哦！

有時候，適時地「創造情境」，是可以幫助父母解決孩子們的生活難題的。最重要的是，讓孩子感受到，父母親正「陪伴」著他們，那種「被保護」的感覺，會是產生真正連結的契機點。

Bye Bye! 我的第8個艾莎

 事情是這樣的……

娃娃，幾乎是女孩們必備的玩具之一，我小時候也超愛，無論是芭比娃娃、絨毛娃娃，還是紙娃娃，我通通都有收藏。特別是紙娃娃，小時候總是會有人說：「紙娃娃都是有靈魂的，不能讓他們受傷。特別是脖子，千萬不能斷掉，要是一斷掉了，就會發生可怕的事～」導致我都會用膠帶加訂書針，在紙娃娃的脖子接縫處，釘了再釘、貼了又貼，惜娃如命啊。就深怕晚上會被娃娃叫醒。

現在長大之後回想起來，這很有可能是父母親不想一直買玩具給我們所編出來的藉口，而我們家也有位娃娃愛好者——油妹，接下來的事件都是因 Elsa 而起……

油妹是家裡唯一的女孩，嘴巴也很甜，再加上長輩們幾乎都很疼女生，所以常常出去總是可以滿載而歸，雖然我們一而再再而三地提醒警告，可以婉拒的也都婉拒了，但是，家裡娃娃繁衍的數量，仍然像青蛙下蛋。

這其中有一顆蛋，就叫做 Elsa，而這顆名為 Elsa 的蛋，其繁衍能力

特別厲害。今天講古的故事（咳）就要先從上次去美國的時候開始說起。

「油油，我們今年聖誕節說不定可以看到雪喔！」我邊說邊幫油妹梳著頭髮。

「細不細就跟喔傻公主的那個雪一樣？」她興奮地轉過頭來問我。

「對啊對啊，妳可以帶著家裡的Elsa去！」

「耶耶耶！」她開心地像Elsa一樣旋轉著。

如預期一般，到了美國之後，真的也在下雪。但是，從下飛機開始，油妹就愁眉不展，後來才發現原來是什麼玩具都帶了，唯獨這一次的主角「Elsa」沒來。

細心的姑姑觀察到平時活潑的油油，怎麼這趟來悶悶不樂，就偷偷準備了一個小小的禮物送給她。

對的！就是Elsa！接著，也不知道是不是因為「正丟席」（台語：正逢產季），Elsa如雨後春筍般，

到、處、都、是，走兩步就一個。

於是，最後一共帶了**5隻Elsa**回來。

有天，油妹跟著我出門，像平常一樣，也選了一個玩具——空運來台的美國Elsa跟著她一起出門。

我出門前還耳提面命說：「千萬別弄丟囉！」但果不其然，Elsa還是離家出走了。

嘩啦！哭這招真的很強大，特別是眼睛大的人，油妹的淚水在眼眶裡咕嚕咕嚕打轉，兩顆水珠從充滿膠原蛋白的小臉頰上滾了下來。

看到這一幕，表演慾噴發的爺爺，一個箭步就衝上前去，雙手捧著油妹的臉，說：

「寶貝啊！怎麼啦？來跟爺爺說，爺爺替妳教訓他！哼！」

這長輩們的台詞怎麼都千古不變啊？

「系我的喔傻公主不見了……嗚……」這一安慰油妹又哭開了。

「唉唷！傻丫頭，爺爺再帶妳去買就好啦！哭成這樣，爺爺抱抱！」油妹聽到之後，興奮地往爺爺身上飛撲過去，完全沒想到我這個做媽媽的還在現場，到底演哪齣啦？

結果，根本來不及跟孩子的爺爺說明玩具不見的原因，他們就消失在我眼前。爺爺很明顯地被勒索了，被他外孫女勒索了……。而隔天家裡的Elsa團隊，就多了一個雙胞胎成員。

起初，我想，長輩疼孫兒在正常不過了，不過就是買個玩具。讓孩子對爺爺撒個嬌，也沒什麼不好。

但是，就在有一天，我居然看見一整座的「公主」山，還讓我無意間聽到孩子們對話：

「又沒關係，掉了反正爺爺會再買給我！」油妹說。

當下，我真的很想燃一把火，像秦始皇一樣焚光它們⋯⋯（此乃幻想，現實中不可行，千萬勿效仿）。

雖然我沒那麼做，但我仍抓了一個大垃圾袋，並站在那座「山」旁邊，把山給移了。

「馬麻，妳幹洗麼啊？要把我的喔傻帶去哪裡？」油妹看到這一幕，又尖叫又跺腳，再次使出哭招。

「我要讓妳知道什麼叫做珍！惜！玩！具！」接著我把這一整袋的娃娃丟到了⋯⋯儲藏室（畢竟還是用錢買的嘛，真的丟掉很浪費耶）。

油妹哭了一整個下午，最後是哭到睡著了。

唉，做媽的哪捨得孩子這樣難過啊。我坐到她身邊，摸著她的頭，心想：**「這孩子真的被寵壞了⋯⋯」**。

但這個念頭，居然像當頭棒喝一樣把我打醒。

薩提爾之神降臨

「我在幹嘛?真正該被教育的是愛他們的我們啊!」一個聲音劃過我的腦海。說孩子不懂愛惜,但孩子不就是被「我們」寵的嗎!難道陌生人會突然給孩子玩具嗎?我知道我的孩子很可愛,這個很有可能(誤),但是說到底,我們往往都是用行動寵溺孩子,卻是用看的教孩子珍惜。

於是,我走到儲藏室,把所有娃娃倒出來,而且一個一個排好。這一數不得了,光是Elsa就有10個。

突然,油妹又哭著醒來,我當下決定愛她、寵她,更要用實際行為教導她。

「油油,睡飽有好一點嗎?」我把她從沙發上抱起來,讓她坐在我的腿上。

「我的娃娃勒?嗚……」

「都在這裡啊!馬麻剛剛在妳睡覺的時侯,讓它們一個一個坐好,等妳起床。」我把她帶到娃娃前面。

「油油，妳可以跟馬麻介紹這些美麗的公主嗎？」我們坐了下來。

「好啊！這系喔傻，這個也系喔傻，這個也系……」

「等等等一下，油油啊！怎麼全都是一樣的名字啊？這樣妳一叫『喔傻』，它們根本不知道妳在叫誰啊。」我在想，我媽當初也有這樣嚇過我嗎？

「不如這樣，我們來幫它們想名字……像是，這個比較白，我們就叫她『白喔傻』。

這個穿灰色衣服，我們可以叫他『灰喔傻』……」我邊說，注意到一旁的油妹不知道在唸什麼，可能……在努力記名字吧！

―15分鐘後―

「這樣都記住囉？」我問。還好只有10個，不然這記完也天亮了。

「嗯嗯嗯～馬麻如果我忘記了怎麼辦？」

「可以問我啊！」我怎麼敢這樣誇下海口啊？我自己應該都忘了。

「油油，它們都已經有自己的名字囉，所以誰都不可以不見喔。不然白喔傻找不到它的好朋友會難過的！」雖然我很怕小時候的陰影在油妹身上發生，但為了讓她珍惜這群公主，必須如此。

過了一陣子，有天我帶著油妹去逛街，經過了一個櫥窗。我看到一個

很可愛的娃娃，想試探性地問她想不想買。我問：

「油油妳看那一隻娃娃超漂亮的！」

油妹看了一眼，只說：

「我不要！家裡的娃娃已經很多了，而且又要記新名字。不要！」

很好～，作戰成功，我怎麼這麼會想策略呢？

同時，也謝謝油妹讓我知道了我媽媽當初的用心！媽媽謝謝您。

阿Ben & 小可從礙到愛的Tips

阿Ben：

事情發生的時候剛好我不在場，但我認為馬麻這樣的做法很聰明，不愧是軍師啊！大力支持我的老婆！

小可：

很多時候，父母親並沒有以同理心來為孩子著想。而這次的經驗，不僅讓我學習到要如何設身處地，更是感謝孩子，讓我了解我父母親當時的用心。所以，到底是我們在教孩子？還是孩子在教我們呢？油油，讓馬麻對妳說：謝謝妳。

現在，因為油妹用名字記憶法來學習珍惜玩具，把哥哥姊姊當榜樣的安弟，也替他的玩具取了一堆奇怪的名字，弄得我們這做爹娘的超忙，必須要記住每一個玩具的綽號；但有時候想想，親子之間有的時候若不抓好機會做每次的貼近相處，肯定會在以後突然發現彼此已經離得好遠好遠了。

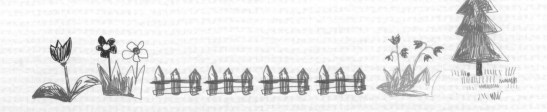

不要給我打分數

 ## 事情是這樣的……

　　還記得我在作者序裡面提過嗎？從小在我們身邊的長輩們，常常都是在比較自己孩子的分數，像是「我的孩子只考 95 分，唉！」、「你家小孩怎麼什麼都會啊！我家的怎麼教都教不懂！」、「哇！他寫字這麼漂亮，我家的孩子寫字跟狗啃的一樣。」等等諸如此類的比較。

　　比較不是不好，但是在父母口中，我們往往都是不如別人的那個！好的，那麼現在問題來了，如此愛幫小孩打分數的我們，敢讓孩子幫你打分數嗎？

有一天，在水果行等待結帳的時候，聽到後面兩位媽媽在聊天。

A 媽：「這次考試我小孩都沒有好好讀書，每天都玩電動啦！」

B 媽：「吼！我們那個也是，都不知道這樣子以後考試怎麼辦啦？哩災某，這次數學還考不到80昏，更不用說英文了……」兩位媽媽你一句我一句，一旁的孩子卻低著頭不說話。我看那個孩子也大概只有國小三四年級吧！

「媽媽～你幹嘛在人家面前講這些啊～～」A孩子邊走邊踢石頭。

「我說的是真的啊！你考試有努力念書嗎？」A媽覺得理所當然。

「很奇怪耶，你完全不管我的感覺嗎？」A孩子用力踢了一下。

「欸，考不好就考不好，你也在乎你的感覺，那你考那個爛分數，就不會在乎我這個做媽的感覺嗎？很丟臉耶！」兩個人繼續往公車站牌走去，卻沒有任何互動了

雖然這段孩子與母親的對話我是不確定有沒有發生啦（以上A媽與孩子的對話純屬虛構），但是從那孩子在水果行當下的表情看來，這些話他都聽進去了。

因此，我們不禁要問自己，當我們大人說出這些話來，孩子的分數真的會進步嗎？

相對的，親子關係的分數呢？

有一天我載著水哥，在車上我們就像平常一樣，聊著最近學校發生的事情。

突然，我想到那天在水果行的情況，因此突發奇想，決定來「打分數」。

但不是請水哥為這件事打分數，也不是我幫水哥打分數，而是，我請水哥幫我和把拔打分數。

「水水，馬麻問你喔～你覺得我和把拔在你心目中是幾分啊？」我好像從來沒有這樣問過孩子，當下搞得我羞澀一下下。

「什麼意思啊？」這突如其來的問題讓他毫無頭緒。

「常常我們都會說你很乖～很棒～但，我們沒有問過你們，覺得我和把拔乖嗎？棒嗎？所以，我想請你幫我打個分數。如果滿分100分的話，你會打幾分？」我突然也緊張了起來。

水哥想了想……

「我幫馬麻打99分，幫把拔打98分。」

還真有老師的感覺耶他。

「真的嗎？你不要因為我在，不好意思給我打低分喔！」我一直想隱藏自己的笑容。

「沒有啦～」水哥突然也羞澀起來？

「那你可以告訴我為什麼我99分嗎？差一分是差在哪裡呢？」

（⋯⋯⋯⋯⋯⋯⋯⋯⋯⋯⋯⋯⋯⋯⋯⋯⋯⋯⋯⋯⋯⋯⋯⋯）

這一沉默 將近快兩分鐘。

「哪有這麼難啊？那你先說把拔好了。為什麼把拔被扣了兩分呢？他有哪裡做不好或者是你希望他改進的？」

「把拔扣那兩分是因為⋯⋯
因為⋯⋯他太愛棒球了！」

太愛棒球了？這是什麼理由？棒球變成了扣分點？

但看水哥的表情，他似乎很認真地給出這個答案？

「愛棒球不好嗎？有喜歡的運動不錯啊！」

為了確認他不是隨便呼嚨的，我必須問清楚。

「但是他常常電視也是棒球，手機也是棒球，只有棒球，什麼都沒有。」從這表情來看，水哥的回應是發自內心的。

「喔⋯⋯原來呀！」我陷入沉思。

薩提爾之神降臨

我聽到的，不只是答案而已，而是最珍貴的解釋……如果今天我沒這樣做，或許我們就忽略了孩子的「聲音」了。

或者是說，孩子們一直都是在「感受」的狀態的，只是他們並不像大人一樣，會懂的找「時機」把想法說出來，甚至還需要引導。

溝通這件事，並不會平白無故就自己發生，如果我們沒有問，這些感受可能就會一直累積在孩子心裡，長大後就演變成了陰影也說不定。

在這個情況下，我們似乎也不能只等著問題出現，而是可以在平時多主動問孩子的想法，將冰山一角變成冰山多角（好難笑）……

我興奮地期待他能告訴我更多，於是繼續問：

「所以你希望把拔可以不要那麼愛棒球，多花一點時間在其他地方嗎？」

「對啊！可以不要每天都看棒球就好了！」水哥說。

然後，我開始思考，為什麼我們不在生日的時候許下這樣的願望呢？

「好了～現在換我了喔！請水水老師告訴我，為什麼馬麻同學被扣 1 分呢？」

嗯……，這沉默更久了，這小兔崽子。

「也太久了吧！現在你知道老師幫學生打分數不容易了吧！」我小小嗆了一下水哥，也順便教他尊師重道的道理（最好這樣就可以教）。

「好難想啊啊啊！」這個老師的抗壓性也太低了吧！才兩個問題他就拼命抓頭。

「老師啊，學生被扣了1分當然會希望老師告訴他原因，這樣才會再進步啊！」

我再一次提醒水水老師。

「……妳被扣的那一分，其實呢……就是我就不能給妳滿分，不然妳就**沒有進步的空間啦**！」

這話……怎麼那麼耳熟啊？好像我曾經有對孩子們說過？

但無論如何，這個臨時「打分數」的結果相當出乎我意料之外，我們兩個不僅都及格，甚至還超高分的。

「寶貝啊……謝謝你幫我們打分數。」我摸了摸他的頭。

「為什麼要謝謝？」水哥露出一臉不解。

「因為這樣，我們才有進步的空間啊！不管怎樣我們都要努力得到滿分！」

我伸手牽著他的手，心裡吶喊著：「謝謝你寶貝！」

在很多時候，我們會遇到不一樣的老師，然後會得到不一樣的分數。而現在，我面對不一樣的三個寶貝，也非常很樂意被打三個分數。

畢竟，我們根本說不準，在親子關係中，我們到底是老師還是學生呢？

至少，**「活到老、學到老」** 這句話錯不了。

阿Ben & 小可從礙到愛的Tips

阿Ben：

那天回到家之後，小可跟我說水水幫我打98分的高分耶！雖然，我臉上裝得沒那麼在乎，還調侃自己連考試都沒考那麼高分過，但是內心是欣喜若狂啊！謝謝孩子，讓我知道我自己是個幾分的父親；謝謝孩子，讓我知道我哪裡需要改進；謝謝孩子，讓我還有機會，可以做個100分的爸爸。

小可：

這一次的感受跟以往比較不一樣。有時候我們做父母的，時常高高在上來評價孩子，但若一天，讓你彎下腰蹲下來，跟孩子來個「平等」的評論，你有勇氣接受分數嗎？

到現在，我們三不五時還是會來為彼此打分數。除了親子之間，更有趣的是，他們三個孩子之間，居然也會為彼此打分數。無論是高分還是低分，但至少我們希望彼此之間一起營造的親子分數是越來越高分，然後，變成100分的超級家庭。

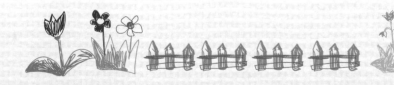

不准睡懶覺

 ## 事情是這樣的……

　　孩子只要開始上學了，父母親就化身成免用電池的鬧鐘，永遠都是全家第一個起床的。我記得小時候，叫我們起床的鬧鐘從桌上放的到地上擺的都有，但都不及媽媽的叫聲來的有效。現在我一機三人用，不對，是四人，雖然最怕鬧鐘響，但更怕鬧鐘不響，以前那種全班看著妳最後進教室，「史上最遙遠的距離是從教室門口走到座位」的尷尬……你懂嗎？

　　雖然如此，Ben至少會幫忙叫孩子起床，這真的是還蠻幸福的一件事。只不過……

「滴！滴！」現在5：50分。

「滴！滴！滴！」好的，6：00分了。

「**滴！滴！滴！滴！**」嗯，6：10分……。

「滴！滴！滴！滴！滴！」

非常好，6：20分了……**準備發出最後通諜！**

我拍拍Ben的肩膀說：「拱拱，要叫他們起床囉！」他一副睡眼惺松的模樣，應了聲。

其實，在沒孩子之前，Ben一定要睡飽睡滿，不然這起床氣可以延燒到晚上睡覺。但這幾年別說起床氣，能夠早點上床睡覺都要很珍惜。

結果，正當我準備閉上眼睛睡回籠覺時，突然聽到樓下傳來怒吼的聲音。

我披上外套，往客廳衝去，一看到爸爸的表情，加上孩子們害怕的模樣，依照眼前事發當時的環境來看，我知道只有三種可能：

1. 叫不起床
2. 不吃早餐
3. 慢慢吞吞心不在焉

如果再加上小孩一而再再而三也說不聽的話，那後果可想而知。於是呢，眼看火山可能要爆發了，我秉持著「當下絕不能做豬隊友」的原則，摸摸他的背，也沒多說什麼，只

是整個氛圍都非常的凝重。

就在這個時候，油妹因為手肘撞到了湯匙，而打翻了麥片，這下牛奶麥片掉一地。

瞬間，火山爆發，小孩全部限5分鐘把早餐吃完，到門口穿鞋子，立刻出發。

水哥邊吞邊塞邊吞，終於把早餐吃完了，剩下油妹一個人，還有兩三口。

而我不得不說女人真的是水做的，油妹總是有一種隨時隨地都可以掉出斗大眼淚的能力。我摸摸她的頭，幫她穿上外套，而這樣的早晨，其實不是頭一回。

回到家後，Ben的情緒似乎還困在當時的氛圍裡。半個多小時後，他吃完早餐，臉部壓力明顯下降了許多。

我開口說：「拱拱，以後你多睡一點我來送孩子吧！」

「沒事啊！我叫妳叫不是都一樣。」

到底哪裡有一樣啦？我心中出現 O．S。

「就讓我來就好了啦！不需要我起床了叫你，然後你又換去叫他們，不如就我起床了直接叫醒他們，送他們上課就好啦！」這段簡直繞口令，

但我還是努力遊說。

Ben 似乎明白我的用意，於是他也沒有再繼續堅持。

但是呢，事情的真相卻只有一個，我還是很好奇，那天早上整個發生的經過。於是，我若無其事地問他：

「拱拱，我很好奇你平常是怎麼叫小朋友起床的啊？」

「就這樣叫啊～哪有什麼怎麼叫啊！」很好，他完全不以為意，沒有防備心。

「叫人家起床有很多種方式啊。
小丸子的媽媽把小丸子的被子一股腦地抽開，也是一種叫；
蠟筆小新的媽媽掐著蠟筆小新的耳朵起床，也是一種叫：
摸摸孩子的腳，在他們耳邊說『早安』也是一種叫。
你是屬於哪一種啦？」

「哪有那麼多種啊！就是站在門口說『起床了！快換衣服聽到沒？』」他無奈看著我笑了一下。

薩提爾之神降臨

真！相！大！白！

我大概可以知道那天火山爆發的原因了。但是現在，我覺得絕對不能去指責 Ben 說，為什麼不能溫柔一點叫小孩起床，畢竟身為爸爸媽媽，睡眠真的是「可遇不可求」。

換個方式，我也不想讓他覺得我咄咄逼人，於是我問……

「那你怎麼叫小朋友起床的啊？」他聳了聳肩膀。

「我是『可可溫情Morning Call法』！」很好！我被白眼了。但管不了那麼多，我繼續說：

「每天早上叫他們起床前，我先開燈，不是全開喔，就開個一兩盞，差不多的亮度。在感受到光線後，他們應該就會慢慢起來。」

「拱拱，你自己想想看，如果因為要起床突然把燈全打開，這會多讓人惱怒啊！」好的，他沒說話。

「接著，我拿出來他們今天要穿的衣服，坐在床邊，我會先摸摸他們的腳、腿、手，和臉，然後輕輕地說『起床囉寶貝』～。」

「雖然他們眼睛還沒張開，但在我幫他們穿好襪子，換好褲子時，他們其實差不多也賴床完畢！」

我才說完，Ben 立馬回：

「哪有那麼麻煩啊？換衣服就自己換！」很好，終於有點互動了。

當然在這裡我必須要先說明，換衣服這一部分，除了早上起床之外，其他時間都他們自己換的喔！

然後我繼續說：「拱拱，我問你喔，你起床調幾個鬧鐘？兩個？有的時候三個對吧？別說你，我也是啊！6點一次、6點10分一次、6點15分一次，然後6點20一次……但為什麼要調那麼多次？是因為我們自己都知道『我們會賴床』，那孩子賴一下也不為過吧！？」

「所以呢，給他們一點asobi的時間，讓他們可以再賴賴床，撒個嬌。我也剛好幫他們換好衣服，至少早上的氛圍就挺愉悅的！」

他沉默……。

雖然我要說道理，但我知道，若分析時讓另一半覺得你沒有跟他站同一邊，說再多再有道理的話，

他、絕、對、聽、不、進、去！

「吼！但水水真的常常漫不經心，吃個早餐也拖拉，看著我也很火！」我讓老公覺得我們是同一陣線的。

「對啊，他每次都會坐在那裡發呆，一點都沒有時間觀念。」很好，互動成功。

「所以呢～，我就會更早一點點起床，讓他們有足夠的時間可以慢～慢～吃，一旁放著時鐘，我會提醒他們：『20分鐘後刷牙出發……』時間讓他們自己掌控。」

我摸摸他的背，說：「你想看看，他們到了學校看到同學玩得開心，說不定早就忘了這件事了，而你還在家裡氣噗噗，值得嗎？」漸漸地，烏雲消散。

「拱拱，謝謝你願意幫我分擔時間，送他們上學。」我說。

「沒事啦！也謝謝妳，每天至少讓我多睡 1 個小時！」

終於，笑容露臉了！今天是萬里無雲的一天！

阿Ben & 小可從礙到愛的Tips

阿Ben：

我的個性一直都比較急一些。其實在這件事情前，我也真的不太明白孩子為什麼每天早上都「惹」我生氣，誰喜歡這樣啊？甚至，好幾次要送他們上課時，他們居然有不開心的表情。現在我明白事情原來是這樣……這要謝謝小可願意和我分享。還好，還有「時間」……很多「時間」……

小可：

對於「時間」這個概念，常常都是大人把孩子的時間給壓縮了。孩子常常被我們「趕著」做很多事情，但是急的是我們，氣的還是我們，孩子並不懂。那與其這樣，我們不如把腳步放慢，才能享受更多屬於彼此創造出來的時間。

所有當鬧鐘的父母親們，其實我們都挺辛苦的，有時候為了怕孩子遲到，我們自己怒髮衝冠，趕得緊張，而孩子是一點感受都沒有。倒不如，讓他自己經歷走一次那「教室門口到座位最遙遠的距離」，他們就會把握那珍貴的早晨時光了！

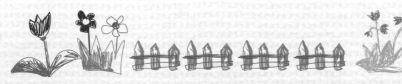

不做綠巨人浩克

 ## 事情是這樣的……

布魯斯‧班納（Bruce Banner）聽過吧？

好啦，要說「浩克」大家才會熟悉點。

像這樣一個平時看起來聰明有邏輯的人，一旦生氣起來，就會整個人不斷膨脹，最後變成一個四肢發達，空有蠻力的莽撞傢伙。

而我家，也有這麼一隻浩克。在我和Ben心中的小排行榜上，水哥是第一名，至少截至目前為止都是。

即便我們都很喜歡女兒，安安也真的是最可愛的，但只要你接觸過水哥，就一定會被他的「暖男性格」融化。不論是對油妹有時像情人的疼愛、對安弟搗蛋行為的容忍和規勸，或是對我們的貼心，水哥真的不得不放第一位。

但，他畢竟還是個孩子……

因為馬麻我本身是樂高控，所以我也非常鼓勵讓孩子接觸積木，再加上現在普遍學生的穩定度都不夠，所以能讓他們專注完成一件事的訓練就很重要。

還記得，水哥大概從快五歲的時候就愛上樂高。從一台小車，到現在可以獨立完成8＋的作品，專注力真的是瞬間提升。

可是，隨著難度越高，他受挫的次數也越多。

那天假日早上，水哥起了個大早，一個人默默到客廳繼續完成他的樂高，不到一個小時就已經拼好一半了。

然後，他伸了個懶腰，起身去廁所。離開之際，他對我說：「馬麻幫我看著唷！」

「別擔心啦，底迪妹妹還沒起床啦！你等等休息一下，先來吃早餐啊！」我邊弄早餐邊說。

「喔！」雖然嘴上答應了，但這語氣還是滿滿地展現出對積木的熱情。

然而，愛得越狂熱，也會狠得也越發狂。**「吼！這根本沒辦法拼啊！少了一個零件是要怎麼做啦！」**突然水哥這麼一吼。

不過身為樂高老手，我能確定他一定是某個環節拼錯。

以前的我，會幫著他一步一步地拆開再重組，但現階段，雖然有點不

捨，仍覺得他需要接受一點挑戰。

「水水再找找看啊！會不會是哪個地方有錯呢？」我只能給予口頭的
提示。

「我就照著說明書啊！吼～」他用力地踢了一下桌子。

當下的這個舉動，讓我看得很不高興。

「水水，你在踢什麼？」我看著他。

「就沒有這個，是要怎麼拼，很奇怪耶！」接著他又踢了一下。

我深呼吸，心想，哪有那麼沒耐心？但我也知道這是水哥的課題，他
需要自己克服，而也只有這樣想，我才不會被情緒綁架……。

我繼續若無其事地喝著我的咖啡。

突然，他重重地摔了說明書，我用餘光都能看到他憤怒的臉。這時
候，我知道我該出面了，我放下手上的咖啡，對水哥說：

「水水你過來！」我察覺得到他已經快要變身浩克了。

他邊跺腳，鼻子還邊發出「哼」的聲音。

「你怎麼了？」我希望他可以主動跟我說問題，或是尋求幫助。

「這根本不能拼啊！」他的問題還是在樂高本身，但除了用語言和肢
體動作表達情緒，似乎完全沒有在思考其他解決方式。

「水水，有沒有可能是你拼錯？要不要拆開重新再來一次？」我再次提醒。

結果，可怕的事情發生了。水哥瞬間臉部漲紅，手握緊了拳頭，請下音樂：

他~變~身~了！

但此時的我，也壓抑不住了，同時變身成為女浩克，破口大罵：

「你在生氣什麼？我再跟你說一次，零件不可能少，一定就是你拼錯了！**生氣，生氣就不要拼了。**」

我一把將所有的樂高掃到盒子裡，告訴水哥，要拼就重新，不拼拉倒。

結局當然是女浩克獲勝，但是，問題依舊沒解決。

薩提爾之神降臨

當天晚上，我想了一夜，心裡有點不甘、有點難過，然後有點飲恨的感覺，因為我知道我又被情緒綁架了，不僅被水哥的挫敗和憤怒影響，也將自己搞得氣急敗壞，完全是兩頭空。我們都太急，急著解決問題卻也是什麼都沒解決。不行，我要發憤圖強（借個成語來用一下啦～），而且，最重要的是，我要幫助水哥學習控制情緒，並藉此學會「理解」自己的情緒。我決定要「身教」。

「早安。」看見水哥起床，我對他說。

「早安！馬麻妳在拼什麼？」一看到是積木，他很興奮地湊了過來。

「幫油油拼城堡啊！她想讓公主有新房間。」我很專注，想讓他看看那天的自己。突然間，我用力往桌上一拍，連沉睡的狗狗都嚇一跳，我開始「模仿」。

「煩餒，很難拼耶，什麼零件都找不到！」我把積木往前推。

「馬麻，妳要什麼零件啊？」水哥小心翼翼地問，好像怕被我兇一樣。

「找不到啦！就是找不到啦～哼！」我現在的心智年齡大概五歲。

「什麼爛城堡？什麼爛東西？我再不要拼了！」我用力地一掌毀了已經拼到一半的城堡，就像綠巨人浩克重捶地板那樣。

然後，水哥就傻眼了。太好了，身教結束，我開始盤算接下來要怎麼銜接，好讓水哥知道剛剛那樣做是不對的。沉默了一兩分鐘後，我假裝若無其事地說：「怎麼樣？馬麻剛剛可怕嗎？」

「嗯……」水哥不可置信地看著我。

「水水，你知道上次拼積木你也是這樣嗎？」

「嗯……」他似乎知道我的用意了。

「我先跟你道歉。第一，我太粗魯嚇到你還有狗狗longlong和dayday；第二，積木雖然是我拼出來要給油油的，但零件都是你的，我卻隨便破壞，不尊重你的東西。對不起。」我突如其來的道歉，也讓水哥一時之間不知所措。

「馬麻，我也要說對不起！」水哥接著說。

「蛤？為什麼呢？」一定要裝傻，讓孩子主動說出來。

「……因為我拼樂高卻亂發脾氣。」他低著頭。

「亂發什麼脾氣啊？」我持續裝傻充愣。

「就是我明明找不到零件，也不願意重新檢查自己為什麼生氣，又讓馬麻生氣，樂高也沒有拼完！」嗯……這才是我們的水哥！

「水水，知道我們和動物最大的差別在哪嗎？」

「我們不是用爬的！」他的答案對是對啦，但害我差點笑出來。

「對啦，但我們也爬過啊，是慢慢學習才會走的吧！其實最大的不同是我們會控制情緒，而動物普遍不會。」

我稍微觀察了一下他的表情，再繼續說：「所以當情緒來的時候，我們應該先思考這『值不值得發脾氣』～上次拼積木你的生氣，其實絕大部分都是在生自己的氣吧！但真的沒有必要，因為你知道只要定下心來，就會解決吧！」我想讓他知道，他是絕對有能力可以完成自己想要挑戰的事情的。

「嗯……馬麻對不起！」

「不要再跟我說對不起囉！你要說對不起的應該是那些還沒有完成的樂高，他們等你很久囉！」

說完後，我擁抱了他。寶貝，謝謝你。謝謝你不再讓我們變成浩克。

我常常都覺得，每個人一定都有變成浩克的基因，但是有些人卻可以將它哄得好好的，怎麼樣都不會讓它有機會出現。我希望的，是我們都進化成《復仇者4》的那位結合力與美的浩克，幫助身邊的人一起「停頓」下來，替彼此想一想。

如此一來，要變身也很難了吧！

阿Ben & 小可從礙到愛的Tips

阿Ben：

我還記得，兩年前水哥開始接觸樂高，在剛開始的時候，我興趣缺缺，畢竟這些小東西不是我的專長嘛！可是，一次又一次地，我看著水哥從錯誤裡找到方向，然後享受拼完後成就感，心裡煞是感動，也偶爾會玩玩看。他甚至有時候還會教我這個低年級的學生勒！

小可：

生氣是一種非常惱人的情緒，尤其有時候生活壓力壓著我們喘不過氣，就更容易陷入憤怒的情緒。就因為這樣，我們更該讓孩子學習把任何情緒適度地表達出來，這小小的身體應該根本還搞不懂是什麼原因讓自己這麼生氣吧！所以，要身教，也就是「身心情緒的教育」。讓我們一起當一位強壯的布魯斯·班納吧！

現在偶爾孩子們還是會鬧一些小脾氣，不過我們已經習慣了在生氣過後找出原因以及放鬆心情的解決方法。最近，我還發現了一個新的「身教」：生氣的時候，把說出口的前5個字以一字兩秒的方式「拖出來」！試試看吧！

我不是鋼鐵人

 ## 事情是這樣的……

　　大家應該都有放過風箏吧？手裡的線總是要一直放出去，風箏才能飛得高。

　　可是，連結地面的那一頭，究竟要費多大的力才能好好地拉著，用心保護，不讓線斷掉？風大，開始緊張，沒風，又擔心風箏飛不遠，還有，突然之間，尿急怎麼辦？放風箏真的不是有片空地可以奔跑就好了。

　　也就是說，風箏放得再高，也得收線休息。這就像陪著孩子們成長的我們，就算 EQ 再高，也會有受不了的時候。若不暫時休息，好好地釋放，理智線就會像風箏的線一樣，斷得毫不留情……

　　記得有陣子，Ben要出國不在身邊，我必須一打三。

　　不過，因為水哥油妹也都上課了，所以當下的我想說，應該也沒那麼辛苦吧！（我當下是這樣想啦），所以我堅持不讓 Ben 帶任何一個回去，反正也才兩個多禮拜。

「**妳可以的！**」我就這樣對自己信心喊話。

第一個禮拜，相當順利地渡過，剛開始放風箏，總是充滿鬥志和耐心。但是，到了第二個禮拜，不知道從哪天開始，我突然覺得好緊繃。

那天，下了通告，又塞在下班可怕的車潮中，那龜速前進的速度，對比著迫切接孩子下課的時間，真的是度秒如年，完全處在崩潰邊緣。

一樣連動都沒動，紅綠燈又再次重新輪過一遍，看著99秒的交通號誌，眼淚就這樣撲簌簌地流下來。我自己也措手不及。

對，我哭了，完全潰堤地在車子裡放聲大哭。好險玻璃有貼黑，不然一定嚇壞旁邊等紅燈的騎士。

終於好不容易到了幼兒園門口，又看見兩個孩子坐在裡頭的椅子上，心裡滿是感嘆，又讓他們最後一個回家。

「馬麻，很慢耶！」水哥抱怨著。

「我以為妳忘記了。」油妹牽著我的手。

「對不起對不起，馬麻晚到了！你們餓壞了齁？想吃什麼？我們買回去好嗎？」幫他們繫好安全帶，我也趕緊上了車。

「我們都吃過了。剛剛園長買了東西給我們吃！」難怪兩個人嘴裡都是肉汁的香氣，搞得我也好餓啊！

「那就好，我明天再謝謝園長！」

好吧，既然他們都吃過了，我也只好趕緊帶著他們先回家。我的晚餐……晚點再說吧。

到了家，我繼續開始張羅孩子們的夜晚。

「把書包先放著，我們先去洗澡好嗎？」

幫他們洗澡的同時，我又心繫著等等還要去保母家接安安。

「馬麻，我可以泡澡嗎？」滿頭泡泡的水哥問我

「不行耶！等等我還要去接底迪。」

「**蛤～～～～～～**」他們異口同聲地說。

「**蛤什麼蛤，**
我要還要去接底迪聽不懂嗎？」

好，我知道我有點大聲，氣氛瞬間凝結。

（··）

「等等，陪我一起接底迪好嗎？」我又露出微笑，真的覺得自己像神經病。

總之，我知道一定要等到孩子們都睡了以後，才能真正地放鬆。於是時間一到，便要他們趕緊上床睡覺。

「睡覺吧！」我說。

「喔！」但是水哥和油妹邊進房間不斷邊打打鬧鬧。

那一瞬間，我像被觸碰警報鈴一樣，爆炸怒吼：

「你們到底在吵什麼啊？底迪睡覺了你們不知道嗎？不知道要安靜是不是？」這次，我真的是完全性地爆發。

我的理智線，真的斷了。

「躺好睡覺，誰再給我出一句聲音，我一定處罰他！」

生氣歸生氣，我居然同時也哭了。而且，這淚水止不住。他們看著我，絕對嚇壞了吧！

睡前，我躺在床上，突然好想好想我那個豬隊友！

因為沒有他，我真的連豬都沒辦法做好。

薩提爾之神降臨

隔天，送孩子上課後，腦袋裡突然出現一個聲音：

「為什麼我不可以生氣？為什麼我不可以哭？我又不是鋼鐵人！重點應該是，在把情緒宣洩出來的同時，也要讓孩子知道為什麼我會失控！」

很多事情，其實都是先置死地而後生的，有個成語不就叫做「浴火重生」嗎？總是會有機會的！這種想通的感覺，讓我久違地感到些許輕鬆。

於是那天晚上陪睡的我，決定先跟他們道歉……

「水水，油油，對不起。馬麻昨天晚上有點失控，太兇了。」我輕輕拍著他們。

「馬麻，沒關係！」我的手被他們一人抱一支，而且抱得好緊。

「馬麻不是故意要兇你們，是因為，馬麻真的好累喔！」

我覺得要讓他們知道「媽媽的日常」，所以就仔細地和他們說，除了接送他們，我還要安排工作、整理家裡、煮飯洗衣……有時候累到晚餐都忘了吃，所以到一個緊繃處，就爆發了。

聽完我的話後，水哥突然起身，去開了燈。

「馬麻，妳坐起來。」在我還滿頭霧水的時候，他的一雙小手伸到我的背後。

「我幫你按摩！油油幫馬麻捏腳。」

瞬間，眼前一片模糊，鼻頭也酸了，這孩子們⋯⋯

「我的寶貝啊～」我轉身抱著他們。

「馬麻你太累的時候就跟我說好嗎？妳就休息，我和油油可以幫忙的。」

孩子，謝謝你們，讓我有時間可以先收起線，這樣風箏線就不會那麼緊繃，理智線也能很快地修復完成。

同時，我更謝謝那晚脆弱無助的自己，原來，我不是鋼鐵人。

這個意識讓我了解到，做爸媽的常常希望能理解孩子的冰山，但是冰山這個東西，人人都有，我們也必須去挖掘我們的內心，釐清自己的情緒，一個家才能「坦誠相見」。

就像是，自己都不懂自己的話，又要怎麼期待孩子懂？

意思就是，不爽有時候也可以「好好地」說出來啦！

阿Ben & 小可從礙到愛的Tips

阿Ben：

人越大，越不會面對自己的軟弱，好像什麼都扛得住。看到這一篇的時候，我好謝謝孩子的貼心懂事，也好感謝小可的體諒。薩提爾的冰山理論，也說明我們要自我檢視，關心與理解除了要給身邊的人，也要給自己！

小可：

我給自己的壓力一直以來好像都很大。唉，當父母親的都知道啊！多少的壓力和多少的生氣都只有自己吞。但這次，我願意面對它，且發現它是這麼地輕鬆。放下擔子，讓自己跑一會兒吧！

不知道你學會放鬆了嗎？不管怎樣，我們都可以先練習「不當聖人」。好，就算你真的做不到，也至少別硬當鋼鐵人。相信我，偶爾脆弱能給你更久遠的勇氣。

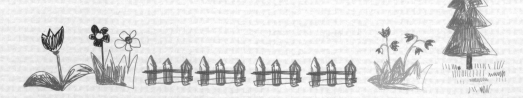

讓孩子說說畫

說了這麼多孩子的故事，我們其實已經理解到，有時未必是我們明白孩子的心，而是孩子幫助我們更了解自己隱藏在大海下的冰山。在每個日子的反覆推敲與探索後，最重要的領悟之一，就是千萬不能忽略「孩子的心」。

他們的小小天空是否因為被各種規矩挾持而受傷，或者是因為不懂得表達而有所壓抑呢？為了再三確認，我們請孩子們試著面對自己，「說出真心『畫』」。透過孩子們使用的筆觸與色彩，來一探千變萬化的童心世界。

第一幅：水哥（畫）

在這幅畫裡，我們可以看到大量的「橙色」，而「橙色」在色彩學裡，是代表開心的顏色。畫者可能喜歡說話，人緣也不錯，但相對來說也比較粗枝大葉和單純，所以很容易別人說什麼就信了！

同時，如果突然在畫裡使用起橙色，代表他最近精力充沛，也有具體目標，正積極往前，並渴望來自家庭的溫暖！

第二幅：油妹（畫）

　　油妹的畫裡充滿著色彩，而且什麼顏色都有，這代表基本上，油妹對於周遭事物的接受度是高的，而且心態上沒有侷限，喜歡天馬行空的想像。

　　但也因為她特別喜歡「粉紅色」，所以認真如我們查了一下，發現喜歡粉紅色的人在潛在個性中，仍保有純真的赤子之心，以及擁有期待被愛、被呵護的浪漫溫柔心。在親情的互動上，也會比一般的孩子更渴望家人的擁抱與親吻，因為肢體上的親密接觸會讓個性敏感的孩子更有安全感。

　　還好我們給了油妹一個穩定高的環境，讓油妹感受到父母愛心的充分表現。在這樣的保護下，女孩子便多能具備「高度審美觀」、「細心體貼」、「優雅」，以及「柔順」的特質，我們相信這也會是油妹最討人喜歡的地方！

第三幅：安弟（素描部分馬麻完成）（畫）

　　安弟的畫用了大量的綠色和藍色，而綠色也是安弟最喜歡的顏色。在個性上，安弟較隨和開朗，沒什麼心機，具有包容寬恕的心胸及強烈的好奇心，而且頗有求知的上進心。但也因如此，會比較顯得自我，內心深處比較脆弱，害怕受傷害，然後治癒傷害的方式就是健忘。這一類型的孩子在遇到傷害的時候，可能會哭一哭鬧一鬧，但過了一會可能就沒事了。

　　綠色是暖色和冷色之間的中間色，溫暖又清爽，綜合了雙方的特質。在兒童繪畫中，以綠色為主創的孩子，多追求安定感和個人空間，且自我保護和防禦感很強。

用這樣的方式來觀察孩子們的內心，挺有趣的吧！如果你的孩子也不擅於用說話的方式溝通，不如親子之間試試看，用「一幅畫」來說出彼此的心。

在每一段教養的路途上，一定都會持續遇見比之前一座更難破的冰山，或是某個角落藏著更危險的冰山任務，但是只要我們彼此確信，在這個家，大家的心態都是正面而快樂的，那麼根本無需情緒勒索，任何冰山都能被溫柔地瓦解，大家都能一起在海裡游泳，享受陽光與微風。

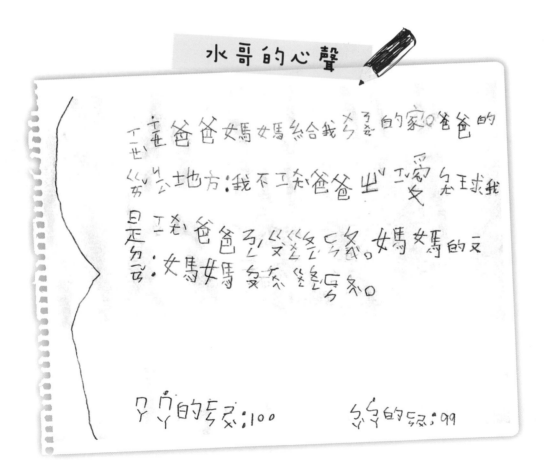

這不就是小丸子和爺爺嗎？

油妹鬧雙胞

奶爸的一日～～完勝

這一幕‧‧‧‧
讓把拔又濕了眼眶

總在放電過後‧‧‧‧‧‧

做孩子的伴侶，不做「絆」侶

帥氣水哥和偶爾出現的
彩虹三油妹

這一刻，就是一種成就感

三個寶貝與最愛的阿公

我們是自宮五星

安弟表示：
把拔，可以成熟點嗎？

手足，就是這樣

我們一家都有"礙"
——錯中學的白宮薩提爾正向溝通教養

沒有吵吵鬧鬧，那怎麼可能？越吵感情越好，才是一家人！

作　　者	徐小可（許暐翎）、阿Ben（白吉勝）
顧　　問	曾文旭
總 編 輯	王毓芳
編輯統籌	耿文國、黃璽宇
主　　編	吳靜宜
執行主編	姜怡安
執行編輯	李念茨
美術編輯	王桂芳、張嘉容
封面設計	西遊記裡的豬
法律顧問	北辰著作權事務所　蕭雄淋律師、幸秋妙律師

初　　版	2019年07月
出　　版	捷徑文化出版事業有限公司——資料夾文化出版
電　　話	（02）2752-5618
傳　　真	（02）2752-5619
地　　址	106 台北市大安區忠孝東路四段250號11樓-1

定　　價	新台幣320元／港幣107元
產品內容	1書

總 經 銷	知遠文化事業有限公司
地　　址	222新北市深坑區北深路3段155巷25號5樓
電　　話	（02）2664-8800
傳　　真	（02）2664-8801

港澳地區總經銷	和平圖書有限公司
地　　址	香港柴灣嘉業街12號百樂門大廈17樓
電　　話	（852）2804-6687
傳　　真	（852）2804-6409

▲本書部分圖片由Shutterstock、123圖庫提供。

捷徑Book站

現在就上臉書（FACEBOOK）「捷徑BOOK站」並按讚加入粉絲團，
就可享每月不定期新書資訊和粉絲專享小禮物喔！

http://www.facebook.com/royalroadbooks
讀者來函：royalroadbooks@gmail.com

國家圖書館出版品預行編目資料

我們一家都有「礙」：錯中學的白宮薩提爾正向溝
通教養 /徐小可（許暐翎）、阿Ben（白吉勝）合著.
－ 初版. -- 臺北市：資料夾文化, 2019.07
　面；　公分 (親子教養：008)
ISBN 978-957-8904-72-9 (平裝)
1.親職教育　2.子女教育
528.2　　　　　　　　　　　　　108005132